궁금함에 대한 끝없는 질문
50인의
철학 멘토

궁금함에 대한 끝없는 질문
50인의
철학 멘토

초판 1쇄 2015년 4월 20일
초판 2쇄 2017년 2월 20일
글 제러미 스탠그룸
옮긴이 강도은
펴낸이 권경미
펴낸곳 도서출판 책숲
출판등록 제2011－000083호
주소 서울시 용산구 후암동 8
전화 070－8702－3368
팩스 02－318－1125

ISBN 979-11-86342-01-5 44100
ISBN 978-89-968087-4-9 (세트) 44080

이 도서의 국립중앙도서관 출판예정도서목록(CIP)은 서지정보유통지원시스템
홈페이지(http://seoji.nl.go.kr)와 국가자료공동목록시스템(http://www.nl.go.kr/kolisnet)에서
이용하실 수 있습니다.(CIP제어번호: CIP2015008647)

*책값은 뒤표지에 있습니다.
*잘못 만든 책은 구입하신 서점에서 바꾸어 드립니다.
*책의 내용과 그림은 저자나 출판사의 서면 동의 없이 마음대로 쓸 수 없습니다.

문명을 바꾼 발견자들

궁금함에 대한 끝없는 질문
50인의
철학 멘토

제러미 스탠그룸 글 | 강도은 옮김

책숲

철학은 친숙한 물건을 처음 보는 물건처럼 다시 살펴보고, 처음 보는 물건을 친숙한 물건처럼 다시 바라보는 일입니다. 철학은 사물을 높이 들어 올려서 살펴보고, 또 밑으로 내려놓고 살펴보기도 하는 일입니다. 철학한다는 것은 마음을 텅 비우고 어떤 주제든 그 주변을 빙빙 돌며 마음껏 뛰노는 일이다. 철학은 우물 속에서 잠자는 개구리를 깨우듯 너무나 익숙한 우리집 이부자리에서 우리를 일으키는 것이고 이미 굳어진 딱딱한 편견을 깨트리는 일입니다.

철학자 윌프리드 셀라스는 '철학의 목적은 수많은 사물들이 어떻게 연관되어 있는지 가능한 한 폭넓게 이해하는 것'이라고 말했습니다. 이 책은 그 생각을 담고 있지요. 이 책에는 50명의 사상가들의 철학이 실려 있습니다. 그 50명이 다 순수한 의미의 철학자는 아닙니다. 그 중 막스 베버는 사회학자이고 로렌스 콜베르그는 심리학자입니다. 그러나 그들은 철학 분야에 중요한 공헌을 한 사람들로, 철학에 대해서 얘기할 때 꼭 언급해야 하는 사람들이랍니다. 또 이 책에는 철학의 역사, 사회 과학 역사에 큰 영향을 준 아이디어와 그 아이디어를 실현시킨 과정이 포함되어 있습니다.

이 책은 짧은 책입니다. 철학자들은 보통 긴 책을 씁니다. 따라서 이 짧은 책에서 그들의 모든 견해를 다룰 수는 없습니다. 이 책에서는 각 철학자의 핵심적인 주장을 언급하고 그것을 자세히 들여다보겠습니다. 그런 방법으로 독자들은 그들이 일으킨 중요한 철학적 논쟁을 이해하게 될 것입니다, 어떤 독자는 전문가일 수도 있습니다. 이렇게 작은 책에 어떻게 그렇게 심오한 철학의 세계를 담아낼 건지 비웃을 수도 있습니다. 물론 훨씬 더 방대한 전문지식을 담은 책을 읽으면 더 좋을 것입니다. 그러나 막 철학을 시작하는 사람에게는 이 책이 더 유용할 것입니다. 이 책은 철학이 어떤 것으로 이루어졌는지, 철학의 구성을 들여다보기에는 더 쓸모 있는 안내서이기 때문이지요. 먼저 이 책을 읽기를 바랍니다. 그리고 철학에 관심이 생긴다면 그 다음 철학자가 직접 쓴 책을 읽으세요.

철학을 하려면 다른 사람의 생각을 주의 깊게 들어야 합니다. 그리고 그 사람이 그런 생각에 이르게 된 기나긴 과정을 추측할 수 있어야 합니다. 그러기 위해서는 먼저 선입관에서 벗어나야 합니다. 철학은 고대 그리스인이 말한 것처럼 지혜를 사랑하는 것(필로소피아가 '지혜를 사랑하다'는 뜻입니다.)이라기보다는 논쟁을 사랑하는 것일지도 모릅니다. 논쟁만큼 훌륭한 지혜를 얻는 방법이 없으니까요. 이 책은 인류 역사상 가장 유명한 논쟁을 소개하는 책이기도 합니다.

제러미 스탠그룸 박사

차례

1장

서양 철학의
뿌리

EARLY THOUGHT '

피타고라스
소크라테스
플라톤
아리스토텔레스
아우구스티누스
토마스 아퀴나스

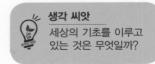

생각 씨앗
세상의 기초를 이루고
있는 것은 무엇일까?

신비주의 수학자 　피타고라스

수학자이자 철학자인 피타고라스는 신비주의적인 종교를 창시한 사람이기
도 했어요. 그의 종교는 영혼이 죽지 않고 윤회한다는 믿음을 갖고 있었답니
다. 조금 이상하지만 '콩을 먹지 마라', '수탉을 만지지 마라', '제비들과 지붕
을 나눠 쓰지 마라'와 같은 규칙을 갖고 있었대요. 무엇보다 우리는 피타고
라스가 주의 깊게 생각하고 이성적으로 추론했다는 점을 기억해야 합니다.

　　　　　　　　　피타고라스는 직각삼각형의 빗변의 길이를 다른
　　　　　　　두 변의 길이로 측정할 수 있는 공식을 발견했어요.
　　　　　　우리는 이것을 '피타고라스의 정리'라고 하지요. 또
　　　　　음악의 수학적인 기초를 발견하기도 했어요. 대장
　　　　장이가 일하는 모습을 지켜보다가 수학과 음악 사이
　　　의 관계를 연구하기 시작했다는 건 유명한 일화예요.
모루를 치는 해머의 무게에 따라 소리의 높이가 달라진다는 걸 피타
고라스가 처음으로 알아차린 거지요. 그의 통찰을 이어받은 제자들은
현악기인 리라의 줄 길이를 정밀한 수학적인 비율에 따라 조절함으로
써 필요한 음을 자유자재로 만들어낼 수 있었다고 해요. 음악의 아름
다움을 뒷받침하는 것이 수학적 구조라는 사실을 보여준 것이랍니다.
　　피타고라스와 그의 제자들은 이 세상이 숫자로 이루어져 있다고
믿었어요. 우리 눈에 보이는 현상 뒤에 있는 모든 것들이 수(數)라고

궁금함 대한
끝없는 질문

생각했지요. 그러나 그 수가 무엇을 의미하는지는 명확히 알려져 있지 않아요. 피타고라스가 직접 쓴 글이 남아있지 않기 때문이에요. 우리는 그의 제자들이 기록한 것이라고 알려진 단편들을 통해 피타고라스가 말한 수의 의미를 추측할 수밖에 없답니다. 현대 철학자인 러셀은 피타고라스가 사물을 분자적인 관점에서 보았다고 말했어요. 즉 피타고라스는 인간의 몸도 개별적인 원자들로 이루어져 있다고 생각했다는 거죠. 이러한 생각은 수학적인 분석 방법의 기초가 되었어요.

피타고라스가 후대에 끼친 영향은 두 가지 측면에서 생각해 볼 수 있어요. 우선 '세상의 기초를 이루고 있는 수'라는 그의 사상 덕분에 수학과 과학의 관점에서 우주를 이해하고자 하는 여러 시도들이 나올 수 있었답니다. 한 예로 플라톤은 『공화국』이라는 책에서 피타고라스학파 사람들의 생활을 떠올리게 하는 내용을 다루었어요. 그것은 바로 철학, 수학, 음악, 천문학에 관심을 갖는 삶이었지요. 또 다른 영향은 이상세계를 추구하고 종교적 믿음을 다루는 철학들 속에서 발견할 수 있어요. 거기에서 우리는 수학적으로 완전한 세계를 꿈꾼 피타고라스의 그림자를 엿볼 수 있답니다.

※ 윤회 : 사람이 죽은 다음 그들의 영혼이 다른 사람이나 동물의 몸으로 깃들게 된다는 관념을 윤회라고 한다. 크세노파네스가 피타고라스의 윤회사상을 조롱한 일화는 유명하다.
"나는 저 강아지의 울음소리 속에서 친구의 목소리를 알아차렸다!"

Pythagoras
출생 BC 580년경 그리스 이오니아 사모스 섬
업적 세상 모든 것은 숫자로 이루어져 있다고 주장
사망 BC 500년경 마그나 그라이키아의 루카니아 메타폰툼

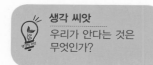

생각 씨앗
우리가 안다는 것은
무엇인가?

잔소리꾼 현자

소크라테스

키케로는 "소크라테스가 처음으로 철학을 천상에서 지상으로 끌어내렸다" 고 말했어요. 그의 철학이 평범한 보통 사람들의 삶과 연관되어 있다는 뜻 이지요. 특히 그는 사람이 잘 살 수 있는 방법이 무엇인지에 대해 질문했답 니다. 불행히도 직접 쓴 글이 남아있지 않아서 소크라테스의 생각을 파악하 기란 쉽지 않아요.

우리는 그리스의 역사가 크세노폰의 책과 그의 제자였던 플라톤이 저술한 『대화』를 통해 소크라테스의 사상과 행적을 만나볼 수 있답니다. 사실 플라톤이 쓴 『대화』에서 우리는 소크라테스의 독특한 사상보다는 그의 철학하는 방법을 더 많이 배울 수 있어요.

소크라테스는 '정의'나 '미덕'처럼 분명한 가치가 있다고 생각되는 개념들도 다시 의문을 갖게 만들었어요. 이것이 그가 사용했던 방법 이랍니다.

소크라테스는 상대방 논리의 허점을 공격해서 상대방이 어쩔 수 없이 혼란스러워하다가 결국에는 스스로 모순에 빠지게 만들었어요. 이것을 '소크라테스식 문답법'이라고 부릅니다.

그러나 소크라테스는 결코 결론을 내리려고 하지는 않았어요. 자

궁금함 대한
끝없는 질문

기가 알고 있는 것은 오로지 아무것도 모른다는 한 가지 사실뿐이라는 주장은 그래서 유명해요.

어느 날 델피 신전에서 소크라테스보다 더 지혜로운 사람은 없다는 신탁을 발표했어요. 깜짝 놀란 소크라테스는 그것이 틀렸음을 증명하려고 지혜롭다고 생각되는 사람들을 당장 찾아갔지요. 하지만 대화를 통해서 알아낸 것은 자신을 포함해서 모든 사람들이 근본적으로 무지하다는 사실이었어요. 그런데 오직 소크라테스만이 '자신이 아무것도 모른다'는 사실을 알고 있었답니다. 그런 의미에서 신탁은 옳았던 거예요.

이렇게 대화하고 생각하는 방법 때문이었을까요? 아테네 지배자들은 그의 끝없는 질문에 점점 피곤해졌어요. 마침내 그들은 소크라테스가 젊은이들을 타락시키고 신을 믿지 않는다는 죄목으로 사형을 선고했답니다. 소크라테스는 기꺼이 독약을 마신 뒤, 죽는 순간까지 친구들과 철학적인 논쟁을 벌였다고 해요.

플라톤은 『변명』을 통해 소크라테스에 대해 이렇게 전하고 있어요. "나는 신이 이 나라에 놓아 둔 쇠파리처럼 귀찮은 사람이다. 그래서 하루 종일 어떤 곳에서든 당신을 붙잡아 자극하고, 설득하고, 나무라는 것이다."

Socrates
출생 BC 470년경
그리스 아테네
업적 토론 방법인 소크라테스식 대화법의 기초를 세움
사망 BC 399년
그리스 아테네

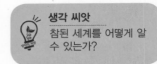

생각 씨앗
참된 세계를 어떻게 알 수 있는가?

이상국가의 철인 왕 플라톤

플라톤의 철학 사상은 아주 광범위해서 요약해 설명하기가 쉽지 않아요. 그렇지만 공통의 끈을 찾아낼 수는 있어요. 그것은 바로 완전하고 이상적인 형상, 즉 이데아의 세계가 있다는 것이랍니다. 플라톤은 인식의 본질에 대해 깊이 생각했어요. 그는 매일 살아가는 일상적인 삶에서는 세계가 항상 변하고 일시적이기 때문에 우리는 참된 세계를 인식할 수 없다고 주장했답니다.

책 표지 같은 것이 빨갛다고 할 때, 그것이 무슨 뜻인지 한번 생각해 보세요. 처음에는 표지가 빨간색이라는 사실이 분명해 보일 거예요. 그런데 그 책을 어두운 방에서 바라본다면 어떨까요? 여전히 그 표지를 빨간색으로 볼 수도 있겠지만 밝은 빛 아래서 보았을 때와는 확실히 다르게 보일 거예요. 그래도 여전히 빨간색일까요? 다른 예를 하나 더 들어 보지요. 어떤 동물이 개라는 사실은 무엇을 의미하나요? 개는 보통 다리가 넷이고 털이 있는 동물이지요. 그런데 개가 다리 하나를 잃었다면 어떻게 되나요? 그래도 여전히 개일까요? 만약 이빨과 꼬리를 잃는다면 어떻게 될까요? 개의 본질을 구성하는 것은 정확히 무엇인가요?

이런 생각을 하면서 플라톤은 뭔가에 대한 앎(지식)이란 완벽하고도 영원한 참된 세계가 있을 때에만 가능하다는 견해에 도달했답니

16

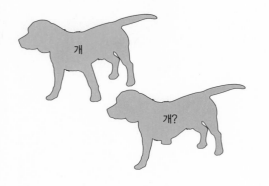

무엇이 개를 개로 만드는 것일까? 다리의 개수일까? 플라톤에 따르면 그것이 '개'인 이유는 이데아 세계에 있는 '개라고 하는 완전한 형상'을 반영하기 때문이다. 하지만 이것은 개라는 완전한 형상을 본뜬 복사물에 불과하다.

다. 자신의 이러한 주장을 만족시키고 어떻게 참된 지식이 가능한지 설명하기 위해 그는 이데아의 세계가 존재한다고 가정했지요. 그 세계에서는 변하지 않고 안정적인 이데아적 형상이 있으며, 우리가 사는 세상의 형상들은 단지 그것을 본뜬 그림자에 불과하다는 거예요. 따라서 빨간색, 개, 딱정벌레, 수컷 등 모든 것들에는 완전한 형상이 있어야 합니다.

플라톤의 형상 이론은 단순한 물질세계를 넘어 '정의', '아름다움', '선함' 같은 추상적 개념으로까지 확대되었어요. 그는 이러한 개념들도 이데아적 형상의 세계에 대응되는 것이 있다고 믿었지요. 이데아적 형상의 세계를 알려면 이성을 훈련시켜야 해요. 그래서 플라톤은 이상적인 국가는 참된 지혜를 얻을 수 있는 철학자가 왕이 되어 다스려야 한다고 생각했답니다.

Plato

출생 BC 427년경
그리스 아테네
업적 철학의 아버지라 불릴 정도로 그의 사상이 서양 철학의 기초가 됨
사망 BC 347년경
그리스 아테네

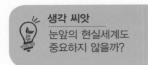
철학의
체계를 세운

아리스토텔레스

아리스토텔레스는 플라톤이 세운 '아카데메이아'라는 학교에서 공부했어요. 그는 질문의 초점이 어디에 있느냐에 따라 지식을 추구하는 방법도 달라져야 한다고 최초로 주장했답니다. 또 오늘날 과학에 해당하는 '자연철학'과 철학의 범주에 속하는 '형이상학'을 처음으로 구분해서 설명했어요. 한편 그는 체계적이고 경험적인 조사와 자료 수집을 강조한 철학자였어요.

아리스토텔레스의 관심은 물질세계에 있었어요. 스승인 플라톤의 사상과는 아주 달랐던 거지요. 추상적인 방법이 아니라 일반적인 방법으로 철학에 접근했고 지극히 현실적이었답니다. 플라톤은 우리가 매일 경험하는 일상세계는 완벽한 이상세계를 본뜬 그림자에 불과하다고 주장했지만 아리스토텔레스는 궁극적인 실체가 우리가 경험하는 물리적인 대상 속에 있다고 믿었어요. 또한 관찰을 통해서 그 실체를 알 수 있다고 생각했지요. 그는 동물을 500종 넘게 조사하기도 했어요. 비록 사고 활동이 뇌가 아니라 심장 근처에서 일어난다고 믿는 등 잘못된 것들이 있었지만 아리스토텔레스가 생물학 발전에 기여한 것은 틀림없답니다.

아리스토텔레스는 사물의 존재를 그것이 어떤 작용을 하는가에 따라서 설명할 수 있다고 보았어요. 다시 말해서 사물들은 저마다 특정한 목적을 이루기 위한 역할이 있는데 이 역할에 따라 그 사물을 설명할 수 있다는 거예요. 예를 들어 동물은 공기를 끌어들이기 위해 심장을 가지고 있고, 심장에 다다른 공기는 데워져서 '프네우마'라는 생명의 힘으로 바뀐다고 보았어요. 인간 역시 특정한 내적 원리들로 구

$\mathcal{A}$ristotle

출생 BC 384년 그리스 마케도니아 스타기라
업적 약 2천 년간 철학 논쟁에 사용된 용어를 정리함
사망 BC 322년 그리스 유비아 섬의 칼키스

성되어 있다고 생각했지요. 그래서 인간이 타고난 이성을 사용하는 것은 지극히 자연스럽다는 것이 아리스토텔레스의 견해랍니다.

이런 생각은 윤리학에서도 적용되었어요. 모든 살아 있는 존재들은 자기 안에 숨어 있는 잠재력을 발휘하기 위해서 타고난 능력을 힘껏 사용해야만 덕이 있고 지혜로워진다는 것이지요. 그러므로 이성의 명령에 따라 행동하면 훌륭한 사람이 될 수 있다는 거예요. 이렇게 해서 아리스토텔레스의 유명한 '중용'의 원리가 나왔어요. 아리스토텔레스가 논리학, 형이상학, 정치학, 윤리학, 생물학, 심리학 분야에서 이루어낸 업적들은 지금도 아주 큰 영향을 미치고 있답니다.

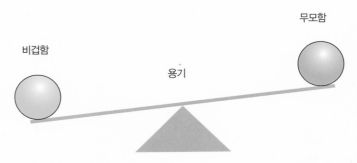

아리스토텔레스의 '중용'의 원리는 모든 미덕들이 결핍 상태와 과잉 상태라는 두 극단 사이에 놓여 있다고 본다. 가령 용기라는 미덕은 결핍 상태인 비겁함과 과잉 상태인 무모함 사이에 존재한다.

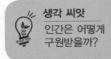

생각 씨앗
인간은 어떻게
구원받을까?

**신을
왕으로 생각한** 아우구스티누스

아우구스티누스는 세례를 받지 않고 죽은 아기들은 영원히 지옥불의 고문에 시달릴 거라고 믿었어요. 또한 결혼을 했어도 아이를 낳을 목적이 아니라면 성관계를 하지 말아야 한다고 했지요. 왜냐하면 성관계는 의지가 욕망의 요구에 굴복한 거라고 생각했기 때문이에요. 그러므로 덕이 있는 사람들은 항상 자기 의지의 주인이 되어야 한다고 말했답니다.

아우구스티누스는 자유분방하고 방탕하기까지 한 젊은 시절을 보낸 사람이었어요. 하지만 어머니의 오랜 눈물과 기도 덕분이었는지 잘못을 깊이 뉘우치고 거듭나게 되었답니다. 그 후 누구보다 더 종교적이고 절제된 삶을 살면서 아주 엄격한 신학을 펼쳤어요. 그의 신학 체계는 인간이 창조된 후에 타락했다는 생각에 뿌리를 두고 있어요. 그는 최초의 인간인 아담이 자유 의지를 가진 상태로 창조되었다고 생각했어요. 아담은 자유 의지를 발휘해서 죄를 짓지 않을 수도 있었는데, 결국 죄를 짓고 타락의 길로 떨어졌다는 거지요. 결국 인간들도 아담이 지은 원죄를 물려받아 어쩔 수 없이 속속들이 타락했다는 것이랍니다.

그럼에도 아우구스티누스는 모든 사람이 지옥에 갈 운명이라고 생각하지는 않았어요. 신의 길을 따르도록 신이 은총을 내려준 몇몇 사

궁금함 대한
끝없는 질문

람들은 죽은 뒤 천국에 갈 수 있다고 보았어요. 그런데 사람한테는 신의 은총을 얻기 위해 무엇인가를 할 힘이 없다는 거예요. 아우구스티누스는 사람이 살면서 착한 행동을 하고 덕을 베풀어 천국에 자리를 마련할 수 있다고는 믿지 않았거든요. 왜냐하면 인간이란 본질적으로 타락한 존재이기 때문이랍니다.

철학자 버트런드 러셀은 아우구스티누스의 예정설에 뭔가 이상한 점이 있다고 지적했어요. 신이 창조한 인간이 대부분 영원한 벌을 받을 운명이라는 점에 대해 아우구스티누스가 크게 걱정하지 않는 것처럼 보였거든요. 하지만 원죄라는 교리는 인간이 몸뿐만 아니라 원죄가 자리한 영혼도 부모로부터 물려받는다는 사실을 주장한답니다. 아우구스티누스도 이런 점을 고민하기는 했어요. 하지만 자신이 이 수수께끼를 풀지 못했음을 인정하고 문제를 그대로 남겨 두었지요. 그가 지금과는 완전히 다른 기준이 지배하던 시대에 살았다는 걸 인정하더라도 그의 신학은 너무 엄격한 데다가 많은 사람들은 신에게 용서받을 가능성이 거의 없어 보여요. 이런 점이 우리 시대에 그의 사상을 그대로 존중하고 따르게 하는 것을 다소 어렵게 만들지만 아우구스티누스는 기독교 역사에서 가장 중요한 영향을 끼친 인물이랍니다.

※ 자유 의지 : 전혀 아무것도 결정되지 않은 상태에서 인간이 선택을 할 수 있다는 것을 의미한다. 자유로운 선택을 할 수 있으려면 실제로 그와 똑같은 상황에서 그 선택을 하지 않을 수도 있어야 한다.

Augustine
출생 354년 누미디아 타가스테 (현재 알제리)
업적 사도 바울 이후 초기 기독교의 교리를 조직함
사망 430년 히포 레기우스 (현재 알제리)

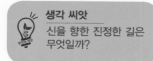

합리적인 기독교인 토마스 아퀴나스

중세의 위대한 신학자 토마스 아퀴나스는 신앙과 이성이 조화될 수 있으며 그것이 바람직하다고 믿었습니다. 그는 종교가 권위를 갖고 있다 할지라도 인간의 앎(지식)을 무시할 수는 없다고 생각했어요. 그러므로 종교가 이성의 도움과 지원을 받는다는 사실을 보여줄 필요가 있었어요. 성경의 진리를 믿는 일에는 신앙뿐 아니라 훌륭한 이성도 필요하다는 뜻이랍니다.

이성의 틀 안에서 세계를 탐구하고 싶었던 아퀴나스의 소망을 가장 잘 보여주는 예는 다섯 가지 길에서 찾아볼 수 있답니다. 그는 운동, 인과 관계, 우연성, 완전성, 목적에 관한 주장을 근거로 해서 신의 존재를 증명하려고 했어요. 예를 들어 그는 두 번째 길을 설명하면서 세계의 특성을 분명한 인과 관계로 파악할 수 있다고 보았어요. 내가 막대기로 돌을 움직이면 돌은 막대기에 의해서 움직여진 것이고, 막대기는 내 손 때문에 움직이게 된 거예요. 이런 식으로 계속 원인을 찾을 수 있겠지요. 하지만 인과 관계의 고리를 계속 파고 들어가다 보면 더 이상 계속할 수 없는 결정적인 지점이 나올 수밖에 없어요. 그 지점에 이르면 원인 없이 스스로 존재하는 원인, 즉 연속되는 원인이 시작된 맨 처음이 반드시 존재해야 하기 때문이지요. 아퀴나스에 따르면 이 '원인 없는 원인'이 신이랍니다.

이러한 주장은 언뜻 그럴 듯해 보이지만 논쟁의 여지가 있어요. 원인의 고리를 무한히 확장할 수 있다는 사실을 인정하더라도 최초의 원인이 과연 우리가 신이라고 부를 수 있는 것인지는 분명하지 않기 때문이에요.

Thomas Aquinas

출생 1225년경
이탈리아 로카세카
업적 종교적인 믿음이 어떻게 이성의 토대를 가질 수 있는지를 보여줌
사망 1274년
이탈리아 포사누오바

아퀴나스는 우리의 이성이 신에 대한 완전한 앎으로 우리를 이끌어갈 수 있다고 생각하지는 않았어요. 하지만 아퀴나스는 기독교 신학의 발전에 큰 역할을 했답니다. 그는 종교적인 믿음이 꼭 비이성적이어야 할 필요는 없다는 것을 알려주었어요. 믿음이 진리의 척도가 될지라도 철학적 논증이 가능하다는 것을 보여주었지요.

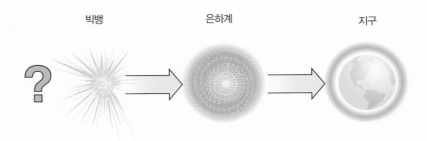

빅뱅   은하계   지구

무엇이 빅뱅을 일으켰을까? 그리고 빅뱅은 스스로 원인을 갖고 있는 것일까? 만일 아퀴나스가 옳다면 사건의 고리가 시작되는 최초의 시작점에서 우리는 틀림없이 그 자체로 원인을 지닌 무엇인가를 찾아내야 한다. 아퀴나스는 그것이 바로 신이라고 생각했다.

서양 철학의
줄기

PHILOSOPHICAL THOUGHT

Metaphysics
형이상학

{ 찰스 보웬은 형이상학자들을 '어두운 방에서 있지도 않은 검은 고양이를 찾는 눈먼 사람'으로 묘사했다고 해요. 또 브래들리는 형이상학이 본능적으로 믿고 있는 것에 관해서 쓸모없고 신통치 않은 이유들을 찾아내는 것이라고도 했어요. 형이상학에 대해 이처럼 신랄한 비판을 내리는 까닭은 다루는 주제가 너무나 어렵기 때문이에요. }

철학자들은 형이상학이라는 제목 아래 신의 존재, 시간의 본질, 원인 작용의 실재, 존재의 본질 등을 깊이 생각하곤 했어요. 그들은 이런 문제들에 관해서 아주 다양한 방식으로 이야기를 했지요. 예를 들어서 존재의 본질에 대해서 유물론자들은 존재하는 모든 것들이 물질로 이루어져 있거나 물질의 속성을 지닌다고 생각해요. 그래서 엄격한 유물론자들은 '고통' 같은 정신적 현상이 존재한다는 사실까지 부정한답니다. 이와 달리 관념주의 철학자들은 완전히 반대되는 견해를 갖고 있어요. 관념론자들은 어떤 점에서 실재가 정신(마음)으로 이루어지고 있다고 믿거든요. 그래서 물질적인 세계조차 실제로는 정신적인 속성을 지니고 있고 더 나아가서는 정신에 의존한다고 생각한답니다. 조지 버클리 같은 철학자는 이 세계는 신의 마음속에 있는 관념일 뿐이라고 주장할 정도였어요. 책상과 의자가 정신으로 이루어져있다고 생각해보세요. 관념론적 형이상학은 우리의 직관과 너무나 다른 것 같아요.

형이상학자들은 증거를 기초로 삼지 않고 추상적인 사변에 빠지는 경향이 있어요. 이러한 사변의 대부분은 본질적으로 선험적이어서 경험과 거의 관련이 없답니다. 그래서 우려되는 점이 두 가지가 있어요. 하나는 헤겔의 연구처럼 공상적인 체계를 만들어낸다는 점이에요. 더 중요한 점은 형이상학적인 논의에 근거가 되는 증거가 부족하게 되면 그런 논의가 아무런 의미가 없게 된다는 거지요. 이러한 비판은 A. J. 에이어 같은 논리 실증주의자들이 제기했답니다. 그들은 어떤 논의가 의미가 있으려면 논리적이거나 경험에 의해서 증명할 수 있어야 한다고 했지요. 이런 기준으로 보자면 많은 형이상학적인 논의가 사실상 무의미해 보여요.

형이상학이 맞닥뜨린 문제들에도 불구하고 최근 수십 년 동안 다시 부활하고 있는 분위기랍니다. 부분적으로 논리 실증주의의 중요성이 쇠퇴한 결과이기도 하지만 형이상학의 본질 자체가 변하고 있기 때문이에요. 문제와 비판들에 적극적으로 반응한 결과, 이제 형이상학은 예전보다 훨씬 탄탄한 기초 위에 서 있게 되었답니다.

※ 인과 관계 : 하나의 사건(원인)이 어떤 식으로든 다른 사건(결과)을 일으킬 때, 두 사건 사이에 존재하는 원인과 결과의 관계를 말한다. 인과 관계의 정확한 본질에 대해서는 철학적 논의가 계속 진행되고 있다.

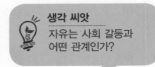

생각 씨앗
자유는 사회 갈등과
어떤 관계인가?

사회 계약 이론가 토마스 홉스

> 토마스 홉스는 인간 본성에 대해서 뿌리 깊이 비관적인 견해를 가지고 있었
> 어요. 그는 이렇게 생각했답니다. '자연 상태에서는 이 지구상에 지식이라고
> 는 없을 것이다. 시간도 무시되고, 예술이나 문자, 사회도 없을 것이다. 무엇
> 보다 최악인 것은 폭력으로 죽을 위험과 두려움이 계속될 것이며 인간의 삶
> 은 외롭고, 가난하고, 추악하고, 야만적이며, 짧기까지 할 것이다.'

홉스는 물리적인 세계와 마찬가지로 자연 상태 역시 냉혹한 법칙의 지배를 받는다는 사실을 근거로 해서 위와 같은 견해에 이르렀어요. 따라서 자연 상태에 있는 인간의 자유를 구속하지 않으면 어쩔 수 없이 갈등이 일어난다고 본 거예요. 실제로 절대적 자유라는 개념에는 목표를 이루는 데 도움이 된다면 다른 사람을 죽일 수도 있다는 것을 포함한답니다.

그렇지만 이런 상황에서 벗어날 수 있는 방법이 있어요. 이성적인 사람이라면 자신의 절대적인 자유를 포기할 수 있어야 해요. 그 대신 상대방이 허락하는 만큼만 자기의 자유를 행사하는 데 만족하는 거지요. 이렇게 사회의 보호를 받으려면 사람들 모두가 '사회 계약'에 서명을 해야 한답니다. 그러면 절대적인 자유가 모든 사람으로부터 한 사람 혹은 어느 집단으로 넘어가 버리지요. 그들은 자기에게 넘어

28

궁금함 대한
끝없는 질문

온 이 권력을 평화를 유지하고 모든 이들의 안전을 위해 써야하고요.

이것은 모든 사람들이 다른 사람들에게 이렇게 선서하는 것과 마찬가지랍니다. "나는 나를 다스릴 권리를 이 사람(또는 집단)에게 넘기며, 같은 조건에서 당신 역시 당신의 권리를 그에게 넘겨야 합니다. 나는 그의 모든 행동에 권한이 있음을 인정합니다."

홉스는 통치자의 권력이 절대적이어야 한다고 주장했어요. 그래야만 자연 상태의 공포로부터 안전하게 보호받을 수 있기 때문이에요. 따라서 홉스가 말한 사회 계약은 위대한 전제군주의 존재를 끌어들이게 됩니다. 그의 말처럼 결코 죽지 않는 신의 보호 아래서 우리의 평화와 안전을 보장받듯이 '리바이어던'이라는 신과 같은 인간 존재가 있어야 한다는 뜻이에요.

그런데 절대적인 권력을 한 사람에게 넘긴다는 건 분명히 문제가 있어요. 로크 역시 '족제비나 여우에게 당할지 모르는 위험을 피하느라고 사자에게 잡아먹힐 만큼 인간이 그렇게 어리석은가?'라고 의문을 품었답니다. 그렇지만 그의 사상은 인간 본성이 타락했다고 믿는 보수적인 정치 철학자들에게 큰 영향력을 발휘했어요.

※ 자연 상태 : 인간을 문명으로 이끌어주는 사회적 힘과 정치적인 의무가 없는 상태. 즉 사회에 흔히 존재하는 다양한 사회적 제약이나 정부가 없는 상태를 말한다.

Thomas Hobbes

출생 1588년
영국 웨스트포트
업적 국가의 사회 계약설을 창안
사망 1679
영국 더비셔 하드윅 홀

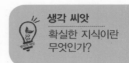
현대 철학의 아버지

르네 데카르트

젊은 시절의 르네 데카르트는 자기 믿음에 확신이 서지 않아서 고민이 많았어요. 그는 결국 '이 세상에는 확실한 지식을 얻을 곳이 어디에도 없다'라는 견해에 도달했습니다. 하지만 이런 상황을 그대로 내버려둘 수는 없었어요. 그래서 모든 지식의 토대가 될 수 있는 확고한 원리를 찾아내는 일을 시작했답니다.

『방법서설』에서 데카르트는 적어도 한 가지라도 확실한 믿음을 확립하기 위해서 철저히 의심하는 방법을 사용했어요. 여기서 데카르트가 사용한 논증 방법은 철학 역사상 가장 유명한 것 중 하나지요. 그것은 자신이 가지고 있는 믿음을 먼저 검토한 후, 의심의 여지가 있는 것은 무엇이든 옆으로 밀쳐놓는 식이었어요. 이런 방법으로 그는 인식에서 전제가 되는 것조차 잘못될 수 있으며, 우리가 인식하는 것 모두를 의심할 수 있음을 보여주는 데 성공했어요. 이때 가장 문제가 되는 것은 우리의 경험 배후에 어떤 것도 존재하지 않을 수 있다는 점이랍니다.

하지만 이 방법은 우리가 의심할 수 없는 한 가지 믿음만은 존재한다는 사실을 보여주었어요. 바로 '의심하고 있는 내가 존재한다'는 사실이지요. 데카르트의 논증에 따르면 의심하는 바로 그 행위가 의심하고 있는 '나'의 존재를 증명한다는 뜻이에요. 이렇게 해서 '나는 생각한

궁금함 대한
끝없는 질문

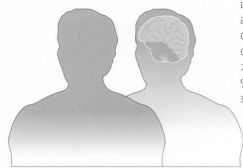

데카르트는 생각하는 실체인 마음은 물리적인 몸과 다르다고 주장했다. 이런 이원론적 사상 때문에 후대 철학자들이 계속해서 골머리를 앓고 있는 문제가 제기되었다. '몸이라는 기계, 그 속에 있는 유령 같은 마음은 대체 어떻게 상호작용을 하는 것일까?'

다 그러므로 나는 존재한다'는 유명한 말이 탄생했답니다.

하지만 이 논증은 또 다른 문제를 생겨나게 했어요. 먼저 데카르트는 형이상학적 이원론에 빠지게 되었어요. 이원론이란 생각하는 실체인 마음이 물리적인 '몸'과는 다른 것이라는 주장을 말해요. 바로 '마음과 몸이라는 두 종류의 실체가 어떻게 서로 상호작용하는가?'라는 것이지요. 또 다른 문제는 그는 신이 존재한다는 것을 증명하기 위해서 존재론적 논증을 시도하기도 했답니다.

데카르트가 철학에 남긴 유산은 두 가지예요. 하나는 그가 세상에 관한 근본적인 진리를 찾기 위해 채택한 철학적인 방법이에요. 또 한 가지는 그 과정에서 데카르트가 진리에 대한 회의론을 찾아냈다는 점이지요. 회의론은 오늘날까지 철학이 씨름하고 있는 문제랍니다.

René Descartes

출생 1596년 프랑스 라에
업적 의심할 여지가 없는 확고한 지식의 기반을 확립하고자 함
사망 1650년
스웨덴 스톡홀름

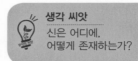
바뤼흐 스피노자

바뤼흐 스피노자는 예의바르고 합리적인 사람이었어요. 그런 사람이 자신을 비난하는 종교적 탄압에 시달리며 평생을 살았다니 믿기 어렵지요? 스피노자가 고난을 겪은 까닭은 신이 모든 것들에 존재한다는 범신론을 믿었기 때문이에요. 스피노자의 범신론은 정통 기독교에서 벗어나는 믿음이었기에 17세기 유럽에서는 받아들이기 힘든 생각이었답니다.

스피노자는 서구 철학의 위대한 연구서들 중의 하나인 『에티카』에서 신과 자연에 대한 탐구를 시작했지요. 그는 실재하는 현실은 다 한 가지 본질로 이루어져 있다고 주장했어요. 그는 그것을 신이나 자연으로 생각했답니다. 그러니까 신이 우주를 창조한 것이 아니라 신을 우주와 동일한 존재로 본 거예요. 스피노자의 견해에 따르면 현실에서 일어나는 모든 일은 신성이 필연적으로 그 모습을 드러낸 것이랍니다. 그렇기 때문에 그가 세운 체계 속에는 자유 의지가 들어갈 만한 여지가 없어요. 그는 자유 의지를 믿는다는 것은 한쪽 눈을 뜬 채 꿈을 꾸는 것이라고 주장했답니다.

스피노자의 철저한 결정론은 악마, 죄, 천벌에 대한 개념과도 밀접한 관계가 있어. 이 세 가지는 정통 기독교 신학에서 중요한 요소예요. 특히나 그의 결정론은 도덕적 책임이라는 개념을 무효로 만들어

버릴 수가 있어요. 살인범이 '필연적으로' 살인범일 수밖에 없다면 어떻게 그를 비난할 수 있겠어요? 현실의 갖가지 것들에 신이 드러나고 있다면 살인범이 어떻게 악인이겠어요? 스피노자의 대답은 신의 관점에서 보면 인간이 저지르는 죄악 속에 악마는 없다는 거였어요. 다만 인간의 앎에는 한계가 있기 때문에 인간들이 세상 속에서 악마를 볼 뿐이라는 거지요. 이후에 등장한 라이프니츠와 마찬가지로 스피노자도 우리는 궁극적인 실재를 모르기 때문에 악마를 제대로 보지 못한다고 생각했답니다.

자유 의지라는 개념은 거부했지만 스피노자는 인간이 어떤 삶을 살아야 하는지에 대해서는 하고 싶은 이야기가 있었어요. 신이 세상을 보는 방식으로 인간들도 현실을 보려고 애써야 한다고 믿은 거예요. 즉 '영원한 관점'에서 세상을 봐야 한다는 뜻이에요. 대자연의 장대함에 비해 우리가 겪는 문제들이 얼마나 사소한지 알게 된다면 자유를 얻게 될 테니까요. 보다 큰 전체 속에서 자신의 위치를 인식하고 전체의 선함을 생각하면 우리는 죽음의 고통과 같이 인간의 유한성 때문에 생기는 감정들로부터도 자유로울 수 있을 거예요.

스피노자의 윤리적 메시지는 300년 전에 그랬던 것처럼 오늘날에도 유효하답니다.

※ 결정론 : 모든 사건은 원인이자 다른 사건의 결과라는 개념. 이에 따르면 인간의 모든 선택은 어떤 원인에 의해 생겨난 것이어야 한다.

Baruch Spinoza

출생 1632년
네덜란드 암스테르담
업적 편협한 종교적 분위기가 강했던 시대에 종교의 자유를 밝힌 등대 같은 존재
사망 1677년
네덜란드 헤이그

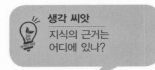

생각 씨앗
지식의 근거는
어디에 있나?

경험주의
철학자

존 로크

일부 철학자들은 '본유적 관념'이란 것을 중요하게 생각한답니다. 이것은 경험에서 나오는 것이 아니라 마음에 원래 존재하는 것이에요. 플라톤은 우리가 새로운 것을 배우는 것이 아니라 이미 알고 있는 것을 기억해 내는 것이라고 말했어요. 데카르트도 신에 대한 우리의 생각이 원래 타고난 것이라고 보았지요. 그런데 존 로크는 『인간 오성론』에서 '본유적 관념'을 반박했답니다.

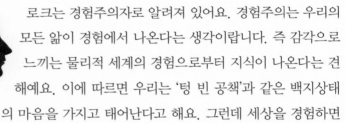

로크는 경험주의자로 알려져 있어요. 경험주의는 우리의 모든 앎이 경험에서 나온다는 생각이랍니다. 즉 감각으로 느끼는 물리적 세계의 경험으로부터 지식이 나온다는 견해예요. 이에 따르면 우리는 '텅 빈 공책'과 같은 백지상태의 마음을 가지고 태어난다고 해요. 그런데 세상을 경험하면서 거기에 뭔가를 기록하게 되는 거지요. 특히 감각적인 경험은 단순한 관념을 낳는데, 이것은 마음속에 존재하는 하나의 동일한 모습과 개념에 불과할 뿐이에요. 우리 마음은 이 단순한 관념을 결합하고 변환시켜서 복잡한 관념을 구성해낼 수 있답니다.

아마도 여기서 중요한 점이라면 우리가 아는 것은 관념이지 이 관념이 가리키는 대상이 아니라는 사실일 거예요. 로크는 이렇게 말했답니다. "사고하고 추론하는 모든 과정에서 마음이란 어떤 직접적인 대상도 알 수 없으며 그 관념만을 알 수 있다. …… 따라서 우리의 앎이

34

궁금함 대한
끝없는 질문

란 오로지 대상들에 정통해 있다는 사실만을 분명히 보여준다."

불행하게도 이런 생각은 커다란 문제를 불러일으켰어요. 우리가 아는 것이 순전히 마음속에만 존재하는 관념이라면 빠져 나올 수 없는 벽장에 갇혀 있는 것과 마찬가지니까요. 이런 문제가 경험주의를 처음부터 곤란하게 만들었고 오늘날까지도 이 문제는 풀리지 않았어요. 사회 생물학과 진화 생물학 같은 학문 분야가 등장하면서 실제로 어떤 면에서는 우리 인식이 본유적이라는 사실을 보여주고 있답니다.

그럼에도 불구하고 로크의 영향력과 중요성은 부정할 수가 없어요. 그는 현대 철학에서 무수히 많은 논란이 되었던 용어들을 제시한 사람이니까요. 그리고 많은 사람들이 데이비드 흄과 함께 로크를 영국에서 가장 위대한 철학자로 생각하고 있답니다.

로크의 경험주의적 견해에 따르면 모든 지식은 결국 우리 마음의 백지 상태를 채우는 경험을 토대로 삼고 있다.

John Locke

출생 1632년 영국 라잉턴
업적 인간의 마음을 '백지 상태'로 보는 견해를 발전시킴
사망 1704년 영국 오츠

Epistemology
인식론

철학이 생겨난 이래, 우리가 뭔가를 아는 게 과연 가능한지에 대한 고민들이 있어 왔어요. 뭔가를 알 수 있다면 우리가 아는 그것이 확실한지에 대한 고민도 있었답니다. 소크라테스는 자신이 아무것도 알지 못하지만 적어도 아무것도 모른다는 사실만은 안다는 유명한 말을 했습니다. 그리고 소피스트인 프로타고라스는 '인간이 만물의 척도'라는 말로 명성을 떨쳤어요.

이 말은 모든 믿음이 그 믿음을 주장하는 사람의 관점에서 보면 참이라는 상대주의적 견해를 드러냅니다. 그런데 상대주의에 대한 비판은 수 세기를 내려오면서 이어졌어요. 우선 그 주장이 자기 모순적이라는 거예요. 모든 믿음이 어떤 사람의 관점에서 참이라면 그 믿음이 다른 어떤 사람의 관점에서는 참이 아니라는 믿음도 참이어야 하잖아요. 이 말은 곧 처음 가정이 참이 아니라는 것을 뜻하게 돼요. 바로 역설에 빠지게 되는 거지요. 안타깝게도 상대론은 그 자체로 쉽게 논박당할 수가 있었어요. 그래서 상대주의자들은 진리라는 주장을 섣불리 전체로 일반화하지 않아요.

하지만 만일 특정한 믿음이 그것을 확신하는 사람에게만 참이고, 제한된 의미에서만 참이라면 그것은 공허한 주장이 되어 버리거든요. 예를 들어 오로지 한 사람에게만 '진리'라면, 이것은 진리라는 개념을 제멋대로 모욕하는 것일 수 있어요.

하지만 상대론과 그의 사촌 격인 회의론은 완전히 사라지지 않았어요. 몽테뉴 같은 근대 초기의 사상가들은 당시 항해술의 발달로 새로운 세상을 접하게 되었고, 그곳의 사람들이 자신들과 매우 다른 삶을 산다는 것을 알게 되었어요. 또 18세기와 19세기의 철학자들은 데카르트의 회의론을 두고서도 여러 가지로 고민했어요. 회의론은 의심할 여지가 없는 확실한 인식의 토대를 찾기 위한 것이었어요. 또한 인식이 외부 세계에서 들어오는 감각 인상을 근거로 한다는 로크의 생각과도 통하는 것이었답니다. 그 뒤를 이은 20세기 철학자들은 세계를 이해하는데 언어가 어떤 역할을 하는지에 관심을 갖게 되었어요. 실제로 참이라는 주장이 특정한 대화나 언어게임에 따라 어떻게 달라지는가를 고민했던 거예요. 그리고 보다 근본적으로는 언어가 세상에 있는 그 어떤 것도 지시하지 않을 수 있는지에 관심을 갖게 되었어요.

이렇듯 철학의 한 분야인 인식론은 우리의 앎과 관련을 맺고 있어요. 이것은 흔히 소방 훈련으로 비유되곤 해요. 즉 우리가 무엇을 아는지, 앎의 내용과는 크게 관련이 없지만 우리가 아무것도 모른다는 주장에는 언제든지 반박할 태세가 되어 있다는 뜻이랍니다.

※ 소피스트 : 초기 그리스의 철학자 부류로 플라톤의 대화편에 나타나는 프로타고라스도 여기에 포함된다. 그들은 논리와 수사 기법을 사용하여 참이든 거짓이든 간에 어떤 입장에 대해서도 논쟁을 펼칠 수 있는 능력을 지닌 사람들로 약간은 부당하게 알려져 있다. 궤변이라는 표현은 상대방을 정신없게 만들고 혼란시키기 위해서 논쟁을 이용하는 것을 가리킨다.

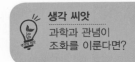

생각 씨앗
과학과 관념이
조화를 이룬다면?

지각된 것만 믿은 조지 버클리

> 우리 눈에 보이는 세계와 실제 세계는 같은 것일까요? 한쪽 눈은 감고 다른 쪽 눈의 가장자리에 손가락을 갖다 대 보세요. 그 다음 안구를 조금씩 앞뒤로 움직여 보세요. 눈에 보이는 모든 것이 좌우로 옮겨 가는 것을 보게 될 거예요. 세상이 갑자기 이상한 방식으로 움직이기 시작한 게 아니라면 우리가 보는 것이 세상 자체가 아니라 표상이라는 결론에 이르게 됩니다.

여기서 당장 어려운 문제가 생긴답니다. 세상에 관한 우리의 표상이 진짜 세상과 일치하는지를 과연 어떻게 알 수 있을까요? 조지 버클리의 대답은 물질세계가 우리 마음의 외부에 존재한다는 사실을 부인하는 것이었어요. "내 눈으로 보고 내 손으로 만지는 사물들은 정말로 존재한다. 나는 이 사실을 조금도 의심하지 않는다. 우리가 그 존재를 부정하는 유일한 것으로는 철학자들이 물질 혹은 물질적 실체라고 부르는 것뿐이다." 그는 모든 물체는 우리 마음으로 인식되는 과정을 통해서만 존재한다고 주장했지요. 그의 표현을 따르자면 존재하는 것은 지각되는 것이랍니다. 버클리는 자신의 이런 비물질적인 유심론을 증명하기 위해 몇몇 논증을 펼쳤지요. 비물질적인 유심론이란 모든 사물이 우리 마음이 지각할 때만 존재한다는 이론입니다. 예를 들어 한 손은 차갑고 다른 한 손은 뜨거운 상태에서 두 손을 모두 따뜻한 물에

궁금함 대한
끝없는 질문

넣으면 한 손은 물이 뜨겁게 느껴지고 다른 손은 차갑게 느껴지잖아요. 같은 물이 동시에 뜨겁고 차가운 상태일 수는 없는데 말이죠. 이런 식으로 그는 뜨겁고 차가운 것은 우리 마음속에 존재하는 감각일 뿐이란 사실을 보여주었답니다.

뜨거움과 차가움은 존 로크가 사물의 '제2성질'이라고 부른 것의 한 예랍니다. 이 '제2성질'은 실제로 마음의 상태에 따라 달라져요. 그런데 움직임이나 모양 등 '제1성질'은 마음과 무관할까요? 과연 그것들이 틀림없이 마음 바깥에 존재하는 것일까요? 로크처럼 제1성질과 제2성질을 구분하는 것 자체가 환상이라는 것이 버클리의 주장이에요. 마음의 색깔(제2성질)을 고려하지 않고, 어떤 물체의 모양(제1성질)만을 생각하는 것은 불가능하기 때문이지요. 그래서 버클리는 제1성질이라 불리는 것들도 역시 마음에 의존함을 보여주려고 했어요.

그러면 물체가 우리 마음에 인식되지 않을 때는 어떻게 존재할까요? 여러분은 지금 이 책을 읽고 있어요. 그런데 여러분의 머리 뒤에 있는 세상이 더 이상 존재하지 않는다고 생각한다면 이것은 참으로 이상한 생각이겠죠? 이에 대해 버클리는 우리의 모든 관념은 신의 힘이 미친 결과라고 설명했어요. 이때 관념이란 실제 감각으로 느끼는 경험 세계를 말해요. 신은 모든 것을 보고 있으며 따라서 신이 관념 세계를 존재하도록 한 것이라고 생각했지요. 버클리의 철학사상은 분명히 직관에 어긋난 것이지만 그 오류를 증명하는 건 그리 간단하지 않을 것 같아요.

George Berkeley

출생 1685년
아일랜드 킬케니
업적 인식을 통해서만 실체가 존재한다고 주장
사망 1753년
잉글랜드 옥스포드

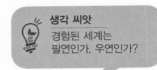

데이비드 흄

데이비드 흄은 아마도 회의론에서는 가장 위대한 철학자일 거예요. 버트런
드 러셀은 회의론에서만큼은 흄을 뛰어넘는 것이 불가능하다고 말했답니다.
흄의 논증을 반박할 수는 없다는 뜻이에요. 그는 기적, 신, 인간과 논리, 귀납
적 지식 등에 대해 심각한 의문을 품었답니다. 심지어 자아의 지속성, 즉 자
기 정체성까지 부정했어요.

우리는 10년 전의 우리와 지금의 우리가 같은 사람이고,
또 10년 후에도 지금과 같은 사람일 거라고 생각해요. 물
론 우리는 시간이 흐를수록 태도와 의견이 바뀌고 어쩌
면 개성도 변할 수 있다는 걸 알아요. 그럼에도 불구하고
우리 안에 있는 아주 근본적인 뭔가는 계속 이어지고 있고,
무엇이든 간에 그것이 우리를 정의한다고 생각한답니다. 흄은 이런 생
각의 근거를 찾아낼 수가 없었어요. 아무리 자신을 성찰해 봐도 끊임
없이 변하는 '지각들의 꾸러미'만 있을 뿐이고 계속 이어지는 '자아'는
없었던 거예요. 그래서 흄은 자아라는 개념은 편리한 허구라고 주장
하게 되었답니다.

이보다 더 철학자들에게 골칫거리가 된 회의주의적 논증은 흄이
인과 관계에 대해서 전통적으로 생각해오던 방식을 공격했다는 점이
에요. 이 세상에는 논리적으로 필연적인 인과 관계가 하나도 없다는

것이 흄의 생각이었거든요. 당구공 하나가 다른 공을 치면 움직이지요. 우리는 첫 번째 공이 두 번째 공의 움직임(결과)을 일으켰다고 말하지만 흄은 이것이 논리적인 근거가 없는 추론이라고 했어요. 예전에 이런 상황을 여러 번 봐왔기 때문에 미래에도 이러한 원인이 저러한 결과를 낳는다고 습관적으로 예상한다는 거예요. 여기에 핵심이 있어요. 어떤 특별한 경우에 충격을 받은 공이 움직이지 않을 수도 있잖아요. 마찬가지로 과거에 일어났던 행동이 미래에도 틀림없이 일어날 것이라는 근거는 딱히 없다는 거지요. 결국 이런 추론을 하는 것은 인간의 본성 때문이라고 그는 설명했어요.

흄의 회의론은 계속해서 철학에 그림자를 드리웠지만 많은 이들은 흄이 가장 위대한 근대 철학자들 중의 한 사람이라고 인정하고 있어요. 아마도 분석하길 좋아하는 서양의 전통에서 흄은 가장 많이 읽히고 가장 많이 떠올리게 되는 철학자일 거예요.

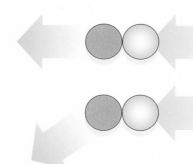

당구공 하나가 다른 공을 치면 두 번째 공이 직선으로 움직일 거라는 사실을 우리는 경험을 통해서 안다고 생각한다. 하지만 예전에 늘 그랬다고 해서 항상 그럴 거라고 생각할 만한 논리적인 근거는 전혀 없다.

David Hume

출생 1711년
스코틀랜드 에든버러
업적 경험론과 회의론 전통을 최고로 발전시킴
사망 1776년
스코틀랜드 에든버러

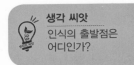

초월적
이상주의자 임마누엘 칸트

> 존 로크에 따르면 우리 마음은 어떤 특질도 지니지 않은 텅 빈 백지와 같아
> 서 그 위에 바깥 세계에서 온 경험이 기록된 것이라고 해요. 그렇게 기록되
> 는 경험들이 세상을 보여주는 만큼만 우리는 세상을 알 수 있다는 생각이지
> 요. 하지만 우리가 뭔가를 알기 위해서는 감각적인 인상이 제공할 수 없는
> 개념적인 것도 필요하답니다.

이 문제를 누구보다도 명확히 밝힌 사람이 임마누엘 칸
트였어요. 『순수 이성 비판』에서 그는 '실제 세계'와 '현상
세계'를 구분했어요. 실제 세계에 그 자체로 존재하는 사
물들의 본질은 우리에게 전혀 알려지지 않으며, 우리는 단
지 그 모습이 드러난 현상 세계만을 알 수 있다고 주장했답
니다.

그의 주장의 핵심은 우리 마음이 현상 세계를 구성하는 경험을 모
양 짓고, 분류하고, 조직한다고 본 점입니다. 다시 말해서 우리 마음
이 감각들을 통해서 들어온 가공되지 않은 자료들에 질서를 만들어
준다는 뜻이에요. 이 과정에는 시간과 공간이라는 개념이 근거가 된
다고 보았어요. 칸트는 실제 세계는 공간적인 것과 관련이 없다고 했
어요. 반면 현상 세계는 공간적인 성질을 갖는데 이것은 경험에서 받
은 자료들에 우리 마음이 부여한 것이라고 주장했지요. 즉 우리가 세

계를 공간적인 것으로 인식하고 표현한다는 뜻이랍니다.

칸트는 이런 보편적인 논증이 '코페르니쿠스적 혁명'에 가깝다고 생각했고 이것을 수단으로 지식의 개념적 토대에 관한 문제를 풀려고 시도했어요. 또 감각 경험을 가지고 우리가 어떻게 지식을 얻을 수 있는지를 좀 더 일반적으로 보여주려고 했지요. 그는 우리 마음이 수많은 '직관적 형식들'의 체계를 통해서 우리가 알 수 있는 세계를 모양 짓고 구조화하는 능동적 역할을 한다고 생각했답니다.

물론 칸트의 설명에도 문제가 있어요. 특히 가공되지 않은 감각 자료와 마음의 개념적인 작용을 구분하게 되면 상대론으로 빠질 우려가 있거든요. 왜냐하면 마음들이 서로 다르면 서로 다른 방식으로 세상을 볼 가능성이 있기 때문이에요. 물론 그는 이 가능성을 부인했지만요. 게다가 칸트의 사상에는 사물 자체의 세계인 실제 세계에 우리는 영원히 닿을 수 없다는 전제가 들어 있어서 어떤 철학자들은 바람직하지 않다고 보았답니다.

칸트 철학은 여기에서 살펴본 것보다 훨씬 더 많은 범위의 내용을 담고 있어요. 그는 윤리학과 미학의 영역에서도 중요하게 언급되고, 자유 의지와 인과 관계 같은 주제들에서도 큰 업적을 남겼어요. 실제로 그는 가장 위대한 근대 계몽주의 철학자로 널리 인정을 받고 있답니다.

Immanuel Kant

출생 1724년 프로이센 쾨니히스베르크(현재 러시아의 칼리닌그라드)
업적 합리론과 경험론, 두 전통의 절충을 모색
사망 1804년 프로이센 쾨니히스베르크

※ 상대론 : 상대론은 다양하지만 대체로 특정한 관점이나 맥락에서만 참, 거짓을 판단할 수 있다고 본다.

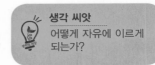
독일
관념론자

게오르크 H. 헤겔

> 헤겔이 쓴 『정신 현상학』을 보통 사람이 이해하기란 거의 불가능하답니다. 문
> 체가 너무 복잡하고 난해해서 허풍선이 철학자가 아닌지 의심하는 사람까지
> 있을 정도예요. 하지만 그의 작업이 그토록 복잡했던 건 연구 과제가 너무나
> 거대하기 때문일 수도 있어요. 헤겔은 존재, 또는 절대 정신이 인류 전체 역
> 사를 가로지르면서 어떻게 드러나는지를 밝히려고 했거든요.

헤겔의 철학은 변증법적인 논리 체계 위에 서 있어요. 이것은 정, 반, 합이라는 개념으로 설명됩니다. 어떤 현상(정)에는 자기 모순적인 면(반)이 있어서 그걸 해결하려는 방향(합)으로 움직일 수밖에 없다는 뜻이지요. 현실에 대한 우리의 이해가 변증법적인 형식으로 이루어진다는 건데, '주인과 노예'라는 헤겔의 유명한 변증법을 살펴보면 보다 쉽게 이해할 수 있답니다.

헤겔은 다른 자아의식에 의해 인정되는 한, 자아의식을 지닌 인간이 존재한다고 생각했어요. 하지만 자아의식들 간에 상호 인정이 쉽게 일어나지는 않는다고 주장했답니다. 처음에는 어떤 자아의식도 다른 사람의 자아의식을 확실히 인정하려고 하지 않기 때문이에요. 그래서 두 의식 모두 자신들이 확실히 존재한다는 근거를 갖지 못한답니다. 그 결과 각각의 의식은 상대의 인정을 얻으려고 노력하겠지요.

궁금함 대한
끝없는 질문

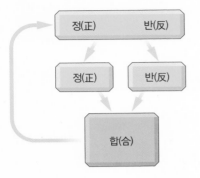

헤겔은 어떤 상황(정)이든 자기 모순적인 면(반)이 있다고 본다. 이 모순들 사이의 긴장은 새로운 상황으로 움직여야만(합) 해결될 수 있다. 그러다가 새로운 상황이 불안정해져서 모순이 드러나게 되면 이런 전체 과정이 다시 반복된다.

헤겔에 따르면 이런 일방적인 인정 투쟁은 필연적으로 죽음에 이르는 결과를 가져올 수밖에 없다고 해요. 왜냐하면 오직 자기의 생명을 거는 위험 속에서만 이 자아의식들이 자유를 드러내 보여줄 수 있기 때문입니다. 하지만 이런 맥락에서 보면 죽음이 적절하지 않다는 것은 분명해요. 왜냐하면 죽음은 살아남아서 서로를 인정할 기회를 빼앗기 때문이지요. 그러므로 각각의 생명을 위험에 빠트리는 이런 투쟁을 해결할 방법은 한쪽은 노예가 되고 다른 한쪽은 주인이 되는 것이라고 헤겔은 생각했어요.

이때 주인은 독립적이고 본질적으로 자신을 위해서 존재한다는 특성이 있어요. 반면에 노예는 상대에게 의존해서 존재한다는 본질을 갖고 있답니다. 하지만 헤겔은 개인들 사이의 이런 대립은 시간이 지나면 극복될 수 있는 것으로 보았어요. 형이상학 체계를 완성한 헤겔 철학은 19세기 내내 막대한 영향을 미쳤답니다.

Georg F. Hegel
출생 1770년
독일 슈투트가르트
업적 형이상학의 체계를 완성
사망 1831년 독일 베를린

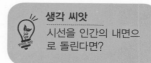

생각 씨앗
시선을 인간의 내면으로 돌린다면?

신 앞에
인간을 세운

쇠렌 키에르케고르

> 쇠렌 키에르케고르가 등장할 때까지 철학은 추상과 형이상학적 사변이라는 안개 속을 위험스럽게 표류하고 있었어요. 이런 철학은 논리적이고 체계적이라는 인상을 주기는 해도 인간 삶의 관심사들과는 거의 관계가 없었답니다. 키에르케고르는 주체성, 열정, 헌신과 믿음을 주장함으로써 철학을 다시 지상의 삶으로 내려오게 했어요.

키에르케고르는 인간의 삶과 역사 전체를 철학을 통해 객관적으로 이해할 수는 없다고 생각했어요. 특히 그가 표적으로 삼았던 철학은 당시 덴마크에 널리 퍼져있던 헤겔 철학이었어요. 논리적인 필연성을 강하게 주장하는 헤겔 철학은 기독교 신앙도 이성적으로 설명하려고 했지요. 키에르케고르에 따르면 종교 영역은 '믿음이라는 도약'으로 형성되는 것이랍니다. 그러니까 신의 아들인 예수를 믿는 일이 옳다는 것을 증명하려고 이성적인 논증이나 경험적인 증거를 들이댈 수는 없다는 뜻이에요. 그래서 그는 신앙인에게 가능한 일이란 신에 대한 헌신을 자신이 자유롭게 선택할 수 있다는 점이라고 생각했어요. 『공포와 전율』이란 책에서 그가 설명한 도덕의 의미를 살펴보지요.

신은 아브라함에게 아들인 이삭을 죽이라고 명령했어요. 그 명령을 따르게 되면 아브라함은 보통의 도덕과 완전히 다르게 행동할 수

궁금함 대한
끝없는 질문

밖에 없지요. 더 높은 목적을 위해 도덕적인 행
동을 중지해야 한다는 말이 됩니다. 아브라함
은 다른 사람들에게 자기 행동이 옳다고 설명
할 수도 없고 심지어 자신에게도 정당화할 수
가 없어요. 이때 그가 느끼는 감정은 신에 대한
헌신이 전부예요.

Søren
Kierkegaard

출생 1813년
덴마크 코펜하겐
업적 열정과 헌신과 믿음
이 철학적으로 중요하다고
주장함
사망 1855년
덴마트 코펜하겐

　이렇게 종교적인 믿음은 쉬운 선택이 아니
랍니다. 키에르케고르는 종교적인 믿음은 아주 크나큰 어려움을 통해
서 얻어진다고 했어요. 그런데도 사람들은 왜 믿기로 선택할까요? 키
에르케고르의 답은 이렇습니다. 오직 종교적인 믿음을 통해서만 개인
들은 절망과 공포를 피할 수 있고, 자유 속에서 참된 자아를 발견할
수 있기 때문이라고요. 역설적인 말이지만 이런 자유는 신에게 계속
해서 헌신할 때만 주어지는 것이라고도 했지요.

　키에르케고르의 철학은 그가 살아 있는 동안에는 크게 인정받지
못했어요. 하지만 20세기에 들어와 개인을 중심에 두는 실존주의가
등장하면서 그의 독창성은 충분히 인정을 받게 되었고, 19세기의 위
대한 철학자들 중 한 사람으로 평가받고 있답니다.

　※ 도덕 : 도덕적인 요구란 당연히 그래야 한다는 의무와 당위로
우리 행동을 판단할 수 있다는 생각에 그 토대를 두고 있다. 어떤 일
을 해서는 안 된다면 그 일은 도덕적으로 그른 것이고, 그렇게 못하도
록 구속을 받을 수밖에 없다.

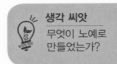

시대를 극복한 초인 프리드리히 니체

프리드리히 니체는 '신은 죽었다'라는 말로 가장 잘 알려져 있을 거예요. 그런데 이 선언은 신은 존재하지 않는다는 형이상학적 진술이라기보다는 그 당시에 우세했던 도덕과 가치 체계에 대한 비판을 담고 있어요. 니체는 도덕과 가치의 근본들이 산산이 부서지고 있다고 믿었답니다. 이런 상황은 허무주의나 야만성으로 빠질 위험도 있지만 한편으로는 기회이기도 했어요.

니체는 우리의 도덕 체계를 떠받치고 있는 생각들을 분명하게 밝혀서 그것들의 근거를 이루는 토대를 충분히 알아볼 수 있기를 바랐어요. 그는 '주인의 도덕'과 '노예의 도덕'이 다르다고 보았답니다. 주인의 도덕에서는 힘, 자존심, 참됨 같은 특성들이 가치가 있고 좋은 것이라고 여겼어요. 하지만 니체는 겸손함, 나약함, 소심함 같은 가치들은 얕잡아 보았는데 일종의 노예 정신을 나타내기 때문이라고 했지요. 하지만 실제로 노예가 된 사람들은 상황을 다르게 봐요. 특히 기독교에서는 주인의 도덕이 거꾸로 역전되지요.

다시 말해 기독교 역사에서는 '선함'이라는 개념이 나약함, 온순함, 고통과 같은 의미를 갖고 있답니다. 또 겸손함, 동정심, 인내심 같은 가치들도 약한 사람들과 관계를 맺게 되었어요. 반면에 '악함'은 약한 사람들이 경멸하는 권력자들의 특성이라고 심하게 비난받는 용어

니체는 기독교가 말하는 '노예의 도덕'을 뜻하는 온순함과 겸손에서 벗어나야 할 때라고 주장했다. 그 대신 인간은 '힘을 향한 의지'에 따라 세상 안에서 자기의 위치를 확고히 해야 한다고 말했다.

가 되었지요. 즉 악하다는 것이 권력자들의 건강, 강함, 힘과 같은 의미가 된 거예요. 이러한 뒤바뀜의 결과로 지금의 우리가 노예의 도덕을 갖게 되었다고 니체는 생각했어요. 비록 니체가 주인의 도덕으로 돌아가자고 주장하지는 않았을지라도 뭔가 그와 같은 것이 필요하다고 생각한 것은 틀림없어요.

Friedrich Nietzsche

출생 1844년
프로이센 색소니 뢰켄
업적 모든 가치를 철저하게
재평가하고 미래의 인간상
을 제시함
사망 1900년
독일 튀링겐 주 바이마르

미래의 인간성에 대해 그는 '인간을 넘어선 인간' 또는 '초인'이라는 개념으로 설명했답니다. 니체는 가치 체계가 무너지는 지금 시대의 인간을 극복하는 것이야말로 꼭 필요하다고 보았어요. 인간을 극복한 초인의 모습은 미래의 인간 모습을 대표하는데 인간이라는 어두운 구름을 벗어나서 찬란하게 빛나는 존재랍니다. 초인은 지금 무너지고 있는 가치 체계를 깨끗이 포기하고, 자기 속에 있는 '힘을 향한 의지'에 따라서 높은 곳으로 자신을 끌어올릴 수 있는 존재예요.

니체는 역설을 좋아하는 철학자였어요. 그의 말들은 때로는 모호하고, 수수께끼 같고, 모순적이었지만 엄청난 영향력을 끼쳤지요.

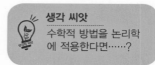

생각 씨앗
수학적 방법을 논리학에 적용한다면……?

**분석적
논리학자** 버트런드 러셀

이런 상상을 한번 해보세요. 여러분은 생애 마지막 30년 동안, 혼신을 다해 연구해 왔어요. 드디어 이제 막 그 이론이 완성된 것 같아요. 그 때 편지를 한 통 받아요. 편지에는 평생의 연구를 일순간에 무너뜨리는 논증 하나가 들어있는 거예요. 이런 일이 실제로 독일 철학자인 고틀로프 프레게에게 일어났습니다. 그에게 편지를 쓴 사람은 버트런드 러셀이었지요.

여러분이 거대하고 오래된 도서관의 수석 사서라고 생각해보세요. 어느 날 도서관을 둘러보다가 도서목록을 보게 되었는데, 도서관이 소장하고 있는 모든 책을 자세히 설명하고 있었어요. 그런데 일관성 있게 정리되어 있지 않다는 걸 알게 되었지요. 어떤 것은 목록에 자기를 포함하고 있고, 어떤 것은 그렇지 않았어요. 그래서 이 다양한 목록들을 정리하기 위해 마스터 목록을 만들기로 결심했답니다. 그런데 목록이 두 가지 종류가 있다는 사실이 기억났고, 마스터 목록도 두 개로 만들어야겠다고 생각했지요.

그러자 딜레마에 부딪쳤어요. 마스터 목록들 역시 그 자체로 목록이므로 항목에다 자기를 포함하고 있어야 하잖아요. 두 개의 마스터 목록 중 첫 번째 것은 자기를 포함해서 모든 목록을 포함하는 마스터 목록이기 때문에 별 문제가 없었어요. 하지만 두 번째 마스터 목록은 문제가 있었지요. 만일 자기를 포함하는 항목을 넣게 되면 자기를 포함하지 않는 마스터 목록이 더 이상 아닌 게 되어버려요. 그렇다고 목록을 빼놓고 정리할 수도 없잖아요. 빠져나갈 수 없는 궁지에 몰리게 된 거지요. 이것이 바로 '역설'입니다.

실제로 이 이야기는 '러셀의 역설' 중 한 가지입니다. 바로 프레게를 무너뜨린 논증이지요. 좀 더 공식적으로 표현하면 다음과 같아요. '자기를 원소로 포함하지 않은 집합들' 모두를 포함하고 있는 집합은 자기를 원소로 갖고 있을까? 이 논증은 상당히 단도직입적이고 간단하지만 그 결과는 엄청났어요. 20세기 초반, 논리학과 수학을 생각하는 방식에 잘못이 있음을 지적했기 때문이에요.

이 이야기는 러셀의 초기 연구 스타일이 엄밀하고 논쟁적이었음을 보여주고 있지요. 적어도 프레게한테는 파괴적이기도 했고요.

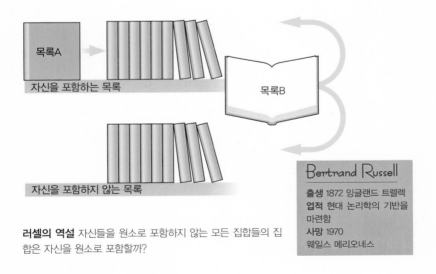

목록A
자신을 포함하는 목록

목록B

자신을 포함하지 않는 목록

Bertrand Russell
출생 1872 잉글랜드 트렐렉
업적 현대 논리학의 기반을 마련함
사망 1970
웨일스 메리오네스

러셀의 역설 자신들을 원소로 포함하지 않는 모든 집합들의 집합은 자신을 원소로 포함할까?

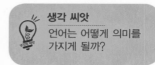

분석 철학자

루트비히 비트겐슈타인

『철학적 탐구』란 책에서 비트겐슈타인은 철학을 '언어를 도구로 삼아서 우리의 지성이 부리는 마술에 대항하는 싸움'이라고 주장했어요. 하지만 그는 이 싸움을 가장 잘할 수 있는 방법과 관련해서는 뒤에 근본적으로 생각을 바꾸었어요. 이 전환이 비트겐슈타인의 연구 경력에서 가장 두드러진 점이랍니다.

철학 연구 초기에 나온 『논리철학 논고』에서, 비트겐슈타인은 '의미의 그림 이론'을 개략적으로 설명했어요. 이것은 언어의 논리적 구조가 실제 현실의 구조를 거울처럼 보여준다는 주장이에요. 예를 들어 '고양이가 방석 위에 있다' 같은 간단한 명제로 세상에서 일어나는 사건을 표현하는데 그 명제가 참인지 거짓인지는 그 사건이 현실에서 일어났는지 아닌지에 따라 달라진다는 겁니다. 그는 궁극적으로 간결한 형식으로 정리될 수 없는 말들은 무의미하다고 주장했어요. 또 이런 무의미한 말들 속에 철학사에서 줄곧 이어져 온 많은 논의들이 포함되어 있다고 보았지요.

1922년 『논리철학 논고』를 출판한 이후 비트겐슈타인은 철학 연구를 그만두었어요. 그러다가 초기 연구에서 자신이 뭔가 잘못하지 않았을까 의심하기 시작하면서 다시 철학을 탐구했답니다. 후기 연구에서 그는 언어가 그것이 사용된 맥락과 전적으로 연관되어 있다는 견해에 도달했어요.

언어에 대한 비트겐슈타인의 후기 사상은 『철학적 탐구』란 책 속에 잘 드러나 있어요. 처음에 그가 생각했던 것과는 달리, 언어는 정확하고 논리적인 용어로 말할 수 있는 체계가 아니라는 걸 알았어요. 오히려 언어는 서로 다른 다양한 목적들을 위해서 수없이 많은 맥락들 속에서 활용될 수 있는, 살아있는 실천이라고 생각하게 되었답니다.

비록 비트겐슈타인이 자신의 초기 논증들을 나중에 부인했을지라도, 연구를 하는 내내 그는 철학이 어떤 일을 해야 하는지에 관해서 일관된 신념을 갖고 있었어요. 그가 내세운 철학의 역할은 언어의 의미를 명확히 해서 우리가 혼동하고 오해하는 다양한 방식들을 밝혀내고 분석하여 해결하는 것이었답니다.

Ludwig Wittgenstein
출생 1899년
오스트리아 비엔나
업적 언어 구조들이 얼마나 혼란스럽고 잘못 이해될 수 있는지를 보여줌
사망 1951년
영국 케임브리지

단어는 그것이 사용되는 맥락을 통해서 의미를 얻는다. 따라서 "빠르게 앞으로 가!"라는 말도 엄마가 걸음마를 배우는 아이에게 할 때와 군대 연병장에서 장교가 외칠 때를 비교하면 서로 아주 다른 의미를 가질 것이다.

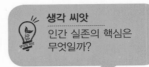

현대
실존주의자

장 폴 사르트르

장 폴 사르트르는 실존주의 철학을 완성한 철학자랍니다. 그는 실존주의적 성향을 갖고 있는 모든 고전주의 주제들을 탐구했어요. 특히 그는 개인의 실존이 가장 우선이라고 보았으며 인간의 자유가 어떤 특성을 가졌는지, 그리고 도덕의 본질이 무엇인지를 연구했답니다. 그는 사람들이 도덕문제에 나쁜 신념을 끌어들여 자유를 부정한다고 보았어요.

사르트르의 철학은 『존재와 무』란 책에서 알 수 있듯이 존재의 본질을 분석하는 것에서 출발했어요. 그는 존재를 '자기를 위하는 존재(Being for-itself)'와 '그 자체로 있는 존재(Being in-itself)', 두 가지 영역으로 나누었어요. '자기를 위하는 존재'는 의식을 지니고 있고, 그 중심이 텅 비어 있다고 주장했어요. 이것은 인간의 본질을 말하는데 그 속에 인간의 자유가 있다고 생각했지요.

좀 더 이해를 돕기 위해 사르트르의 '부정'이라는 개념을 살펴보도록 할게요. '부정'이라는 개념은 거부하고 반대하고 부인하는 것입니다. 사르트르는 '부정'을 다른 뭔가를 생각해 낼 수 있는 능력과 관계 있다고 보았어요. 아마도 '자기를 위하는 존재'의 가장 중요한 능력은 아직 실현되지 않은 가능성들의 미래로 나아가 자기 계획을 실현시킬 수 있는 힘일 거예요. 이런 점에서 인간의 자유란 영원한 가능성 속

사르트르는 우리가 항상 자유로우며 또한 이 자유를 피할 수 없다고 주장했다. 예를 들어 머리에 총이 겨누어지고 있는 때조차 어떤 식으로 죽음을 만날지를 우리는 선택할 수 있는 것이다. 또한 우리를 억류하고 있는 사람을 어떻게 바라볼지, 우리의 과거를 어떤 식으로 뒤돌아볼지 등을 선택할 수 있다.

여전히 자유로움

에 놓여 있는 셈이지요.

이런 근본적인 자유에 직면한 인간 존재는 어쩔 수 없이 불안을 경험할 수밖에 없어요. 그래서 '나쁜 신념'이라는 전략을 사용해 자유를 부정할 방법을 찾는답니다. 그리고 사람들이 할 수 있는 최선은 진솔하고 자유롭게 선택을 하는 것뿐이라고 사르트르는 보았어요.

하지만 사르트르는 사람들이 아무렇게나 닥치는 대로 선택할 수도 있다는 점을 깊이 생각하지 못했어요. 개인들이 맞닥뜨리는 상황들에는 어쩌지 못하는 구체적이고 특정한 배경이 있기 마련이지요. 선택을 할 때에는 이 배경에 저항해야 하는 거예요. 그렇기 때문에 무엇이든 선택할 수 있는 절대적인 자유는 사람들한테 없는 셈이에요. 그럼에도 불구하고 사르트르는 어떤 상황에서도 근본적으로 자유로울 수 있다고 보았어요. 자신이 처한 상황에서 어떤 태도를 취할지 선택할 수 있는 능력을 여전히 갖고 있기 때문이랍니다.

Jean Paul
Sartre

출생 1905년 프랑스 파리
업적 실존주의에 관한 최종적인 이론을 분명하게 설명함
사망 1980년 프랑스 파리

3장

심리 이론

PSYCHOLOGICAL THOUGHT '

프로이트
정신 분석
융
스키너
행동주의
매슬로

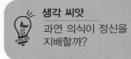

생각 씨앗
과연 의식이 정신을
지배할까?

**정신
분석가**

지그문트 프로이트

지그문트 프로이트가 등장하기 전에는 인간이 이성적인 판단을 내리는 존재
이고, 자기 마음의 주인이라고 믿었어요. 하지만 프로이트는 그렇게 생각하
지 않았지요. 그는 인간의 행동이 이성으로 통제할 수 없는 무의식에 의해서
강렬하게 지배를 받고 있다고 보았답니다. 정신분석은 무의식이 의식에게 보
내는 메시지를 드러내 보여주는 일이라고 할 수 있어요.

프로이트는 인간의 인격에 무의식(이드), 자아(에고), 초자
아(슈퍼에고)의 세 가지 측면이 있다고 주장했답니다. 무의식
인 이드는 사람의 본능을 구성하는 것으로 먼저 성적인 본
능을 말해요. 자아인 에고는 우리 인격에서 합리적이고 이
성적인 판단을 내리게 하지요. 그리고 초자아는 도덕적이고
까다롭게 검열하는 인격을 말해요. 이드가 자신의 욕망들을
즉시 만족시키려고 하면 에고는 현실 원칙을 들이대면서 이드의 욕망
이 균형을 잡게 해준답니다. 동시에 에고는 초자아인 슈퍼에고가 계
속 행복할 수 있게 해주어야 해요. 이때 자신의 행동이 도덕적으로 받
아들일 수 있는 범위 내에 있다는 것을 초자아에게 계속 확신을 시켜
주어야 하지요.

이런 상황은 언제든지 정신적으로 갈등이 일어날 가능성을 갖고
있답니다. 가령 초자아가 너무 강해지게 되면 죄의식과 걱정에 빠지

58

궁금함 대한
끝없는 질문

게 되고, 무수한 욕망들과 기억들은 무의식 깊숙한 곳에 묻혀버리게 되지요. 그런데 억압되어 있는 갈등 때문에 강하고 역동적인 성격을 갖게 된다는 게 프로이트의 견해랍니다. 억압된 갈등은 꿈이나 말실수, 때로는 공포증이나 환

Sigmund freud

출생 1856년 오스트리아 제국의 모라비아 프라이베르크 (현재 체코공화국 프리보)
업적 정신분석학의 창시자
사망 1939년 영국 런던

상 등 다양한 방식으로 자신의 존재를 드러낸다고 해요. 꼬마 한스의 사례연구에서 프로이트는 한스의 말(馬)에 대한 공포가 실은 자기 아버지에 대한 공포를 드러낸 것이라고 주장했답니다. 그 공포의 근원은 자기 어머니를 사랑하길 원하는 오이디푸스적 욕망이며, 아버지는 한스에게 일종의 경쟁자라는 것이지요.

정신 분석에서는 억압된 기억들이 표면으로 끌어올려지도록 자유 연상 기법, 단어 연상 기법, 꿈 해석과 같은 방법들을 활용한답니다.

철학사적으로 프로이트는 인간의 자아가 합리적이고 스스로를 충분히 조절할 수 있다는 생각을 다시 돌아보게 했어요.

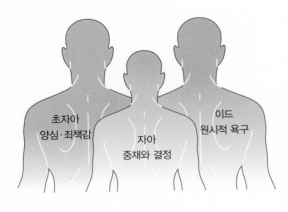

초자아
양심·죄책감

자아
중재와 결정

이드
원시적 욕구

프로이트에 따르면 이성적인 판단을 내리는 자아는 무의식과 초자아의 요구 사이에 끼어 있다. 한 개인의 정신 건강은 이러한 내적인 갈등들을 잘 중재할 수 있는 자아의 능력에 달려 있다.

Psychoanalysis
정신 분석

{ 1890년대 말 프로이트가 처음으로 개발한 정신 분석의 목적은 '무의식을 의식으로' 만들어서 환자가 심리적인 균형을 얻도록 돕는 것이랍니다. 그는 어떤 사람이 겪고 있는 문제들의 원인을 단지 드러내주기만 해도 그 사람이 건강하고 행복해질 수 있다는 사실을 발견했답니다. }

정신 분석가들은 환자의 무의식에 접근하기 위해서 마음의 다양한 작용들을 활용하곤 해요. 그중 가장 중요한 것이 아마도 '전이'일 거예요. 전이는 정신 분석을 받는 사람이 억압된 생각들, 감정들, 욕망들을 분석가에게 투사할 때 일어난답니다. 특히, 아주 어린 시절의 경험에 뿌리를 둔 감정들과 욕망들을 투사할 때 전이가 일어나곤 해요. 그러면 분석가는 그 의미를 환자들이 이해하도록 도와줄 수가 있어요. 물론 쉬운 과정은 아니에요. 프로이트는 전이가 언제나 저항을 만난다고 말했어요. 또한 분노, 회피, 불성실함 같은 방식으로 드러날 수도 있어요. 그런 종류의 전이들은 좀 더 분석하고 해석할 필요가 있답니다.

프로이트는 전이뿐만 아니라 자유 연상과 꿈의 해석을 강조했어요. 자유 연상 기법에서는 환자들이 머릿속에 떠오르는 모든 것을 말합니다. 아무리 시시하고, 부적절하고, 공상적인 것일지라도 상관없어요. 숙련된 분석가는 환자의 말 속에서 머뭇거림이나 무의식과 관련된 것들을 발견해 내어서 환자가 잃어버렸던 기억들을 되찾도록 도와주는 거예요.

프로이트는『꿈의 해석』에서 환자의 꿈이 무의식적인 욕망들을 상징적으로 표현한다고 했어요. 그러니까 무의식적인 욕망들을 붙잡아두었던 다양한 마음의 작용들이 깨어있는 시간보다는 잠을 자는 동안 그 힘이 훨씬 약해진다는 거예요. 꿈에서는 변장한 모습이긴 해도 무의식이 드러날 수 있도록 허락을 받게 돼요. 이제 그 꿈의 숨겨진 의미, 더 정확하게는 꿈에 잠재되어 있는 내용을 찾아내기 위해서 꿈을 잘 해석해야 한답니다. 이것은 '꿈 작업'으로 다시 되짚어가는 것을 뜻해요. 즉 꿈에 표현된 내용을 잘 구성해서 꿈에 잠재되어 있는 내용과 꿈이 표현하고 있는 억압된 욕망에 접근하는 것이랍니다.

정신 분석 요법은 공포증이나 만성적인 우울증 같이 심각하지 않은 성격 장애에서만 실제로 추천되고 있어요. 비록 심리적인 장애라고 해도 심각한 정신 분열증을 앓고 있는 환자는 정신 분석을 활용할 수 없어요. 정신 분석 과정은 감정적인 요구가 많은 일이고 시간과 비용도 많이 들어요. 그리고 그것이 과연 효과가 있는지에 대해서는 논쟁이 있어요. 왜냐하면 정신분석가가 사례를 기록할 수는 있어도 측정할 수는 없기 때문이지요. 그럼에도 불구하고 심리학계에서는 정신 분석의 치료 효과를 믿는 것이 지배적이랍니다.

※ 오이디푸스 콤플렉스 : 그리스의 오이디푸스 신화를 인용한 것으로 어린 아이, 특히 남자 아이들은 반대 성을 가진 부모에게 성적으로 애착을 느낀다는 프로이트 용어이다.

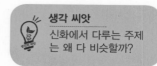

분석 심리학자

칼 구스타프 융

> 칼 융은 프로이트의 제자였고, 1906년부터 1913년에 결별하기까지 그의 친구였어요. 두 사람이 절교하게 된 한 가지 이유는, 융이 정신 분석 이론을 프로이트가 탐구해 보지 않은 방향에서 독립적으로 진행해보려는 욕구가 있었기 때문이에요. 특히 융은 리비도가 완전히 성적인 특성을 갖는다고 보는 프로이트의 생각에 의문을 품었어요.

융은 정신의 작용에 관해 자신의 독자적인 이론을 발전시켰어요. 그는 정신이 세 가지로 나누어져 있지만, 각 부분들은 서로 상호작용하고 있다고 주장했지요. 바로 의식, 개인의 무의식, 집단 무의식으로 불리는 세 부분들이에요. 의식은 어떤 사람임을 알 수 있게 해주는 정신의 한 측면이랍니다. 융은 한 개인이 세상을 보는 방식을 결정하는 성격에는 두 가지 타입이 있다고 주장했어요. '외향적인 성격'은 자신의 리비도 에너지를 외부 세계로 향하게 한답니다. 그와 달리 '내향적인 성격'은 자신의 주관적인 감정들과 경험에 관심을 가지는 타입이에요. 예외인 경우도 있지만, 융은 대다수 개인들은 평생 동안 자신의 성격 유형을 계속 유지한다고 믿었어요.

융은 무의식을 좀 더 복잡하게 다루었고, 특히 '집단 무의식'을 강조했어요. 인간이 과거 조상들이 해왔던 것처럼 세상을 경험하게 해주는 본능적인 것들을 '집단 무의식'으로 물려 받는다고 주장했지요. 이 때문에 융은 정통 정신 분석 이론과 점점 멀어지게 되었답니다. 그는 집단 무의식을 구성하고 있는 수많은 원리들에 '원형'이라는 이름을 붙였어요. '페르소나'

Carl Gustav Jung

출생 1875년 스위스 케스빌
업적 분석심리학의 창시자
사망 1961년 스위스 퀴스낙

원형은 우리가 세상에 보여주고 있는 얼굴을 말해요. 또 '그림자' 원형은 우리 안에 있는 동물적인 본능의 근원을 뜻하고, '자기 자신'이라는 원형은 성격을 구성하는 원리지요.

집단 무의식 개념은 융의 연구에서 가장 독특한 부분이랍니다. 또한 가장 문제가 많은 부분이기도 해요. 실제로 많은 사람들이 이 개념을 과학적인 이론이라기보다는 신화와 더 공통점이 많다고 생각한답니다. 또 검증할 수 없고, 우연과 구별할 수 없다는 문제가 계속 따라다녀요. 수많은 신화의 주제들이 서로 비슷하다는 점도 우연한 상황일 수 있잖아요. 또한 우리가 조상들의 경험을 다시 기억해내는 게 가능하다는 생각에도 문제가 있어요. 그래서 학계가 집단 무의식 개념을 받아들이기는 쉽지 않을 것 같아요. 집단 무의식 개념에는 '라마르크주의'로 불리는 '획득 형질의 유전'이란 개념이 필요한데, 과학적으로 유전자의 작용이 밝혀지면서 폐기된 이론이랍니다. 예를 들어 여러분의 할아버지가 피아노 연주를 배웠다고 해서, 여러분이 피아노를 칠 수 있는 능력을 갖고 태어나는 것은 아니잖아요.

융의 연구에 프로이트의 정신 분석 이론의 주제와는 다른 흥미로운 점이 있다는 사실은 분명해요. 하지만 안타깝게도 그의 연구에는 실증적인 증거가 부족하답니다.

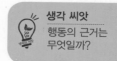

과학적 방법의 행동주의자 B. F. 스키너

> 20세기의 가장 유명한 심리학자라고 할 수 있는 B. F. 스키너는 인간의 마음 속에서 일어나는 일에는 조금도 관심을 기울이지 않았어요. 그는 관찰할 수 있고 측정할 수 있는 행동만을 다루어야 한다고 믿었기 때문이에요. 특히 인간 행동의 밑바탕이 되는 '자극과 반응 양식'에 주목했어요. 행동주의에 근거를 두고 있는 스키너의 이론은 심리학을 과학의 토대 위에 올려놓았어요.

　　　행동주의에 근거를 두고 있는 스키너의 이론은 심리학을 과학의 토대 위에 올려놓았어요. 스키너가 심리학이라는 학문에 가장 크게 기여한 점은, 자발적으로 강화되는 조절작용인 '조작적 조건형성'이라는 개념을 세운 것이랍니다. 예를 들어 보지요. 실험실 미로 안에 쥐 한 마리가 돌아다니고 있어요. 이리저리 움직이다가 레버를 맞닥뜨리게 되었는데 처음에는 무시하다가 어느 순간 레버를 눌러요. 그러면 먹이가 나오는 '보상'을 받게 돼요. 시간이 지날수록 보상에 앞서는 행동 즉 레버를 누르는 행동을 더욱 많이 하게 되는 '효과'가 나타난답니다. 보상이라는 조건이 형성되면, 쥐의 행동이 조절된다는 뜻이에요. 이렇게 '효과의 법칙'이 나타나는데, 어떤 일에 보상이 따르면 그 상황에 대한 반응이 강화되고, 결국 습관이 된다는 것입니다.

　　　방금 예로 든 쥐의 경우는, '긍정적인 강화'에 해당합니다. 스키너

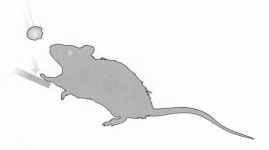

B. F. Skinner

출생 1904년
미국 서스케하나
업적 행동주의 심리학을
주창함
사망 1990년
미국 케임브리지

스키너는 모든 행동이 다양한 강화 패턴들에 의해서 결정된다고 생각했다. 어떤 쥐가 레버를 누르는 행동으로 먹이를 보상받는다면, 그 쥐는 그 행동을 빠르게 배워서 레버를 누르는 행동을 계속 반복하게 될 것이다.

는 행동을 조절하는 다른 두 가지 방식도 똑같다고 설명했어요. 우선 '부정적인 강화'로 싫어하는 상황을 피하기 위해 어떤 특정한 행동이 강화된다는 것이지요. 또 다른 하나는 '처벌'에 토대를 둔 것인데, 어떤 일을 하면 싫어하는 자극이 주어지기 때문에, 그 행동이 약화된다는 것이에요.

스키너는 다양한 동물들을 훈련시켜서 과제들을 수행하게끔 조건을 만들었고, 그 동물들은 이런 조작적인 조건 형성과 조절을 통해서 행동한다는 것을 보여주었어요. 비둘기에게 탁구를 가르친 사례는 아주 유명해요. 그는 인간과 동물의 거의 모든 행동들이 강화로 조절되는 다양한 방식에 의해 결정된다고 생각했답니다. 그런데 스키너의 이론을 사람에게 적용할 때에는 여러 가지 의문이 생겨요. 인간의 마음에서 일어나는 일이 조금씩 밝혀지고 있기 때문이지요. 그럼에도 불구하고 행동주의는 심리학에서 중요한 연구 방법으로 남아 있답니다.

Behaviourism
행동주의

{ 빌헬름 분트는 아마도 심리학 분야의 '창시자'라는 이름에 가장 적절한 후보일 거예요. 1879년 그는 인간 정신 작용을 살펴보려는 목적으로 라이프치히 대학에 실험실을 열었어요. 분트는 '자기 관찰'이란 연구 방법을 사용했는데 실험에 참여하는 사람들에게 자기 마음이 진행되는 과정을 분석해 보고하도록 요청했지요. }

이 실험의 맹점은 보고된 자료가 옳은지를 검증하기가 불가능하다는 점이에요. 이런 우려 때문에 미국의 존 왓슨은 심리학이 관찰할 수 있는 행동에만 온전히 초점을 맞추어야 한다고 주장하게 되었어요. 심리학자가 실험에 참여하는 사람의 마음을 다 알기에는 분명히 한계가 있기 때문이지요. 여기에서 행동주의가 탄생하게 된 것이랍니다.

러시아의 위대한 생리학자 이반 파블로프는 행동주의 심리학의 장점을 잘 보여준 사람입니다. 그는 '조건 반응 이론'이라는 학습 이론을 개발했어요. 이 이론에서는 인간의 내적인 정신 상태를 전혀 언급하지 않아요. 오히려 관찰할 수 있는 자극과 반응 사이의 연결만을 강조한답니다.

개를 대상으로 한 유명한 실험에서 파블로프가 얻은 획기적인 통찰은 무조건적인 자극(음식)과 반응(침 흘림) 사이에 존재하는 연관을 활용해서, 조건을 조절하는 것(벨소리)과 반응(침 흘림)을 연결시키는 일이 가능하다는 것이었어요.

왓슨은 어떻게 이 모델을 인간의 학습에까지 적용할 수 있는지를 보여주었어요. 그는 꼬마 앨버트의 머리 바로 뒤에서 망치로 금속 막대를 때리는 실험을 했답니다. 이 실험 결과 그는 꼬마 앨버트가 공포를 일으 킨다는 사실에 주목했지요. 그 다음에 왓슨은 꼬마 앨버트에게 쥐를 보 여주면서 동시에 망치로 금속 막대를 때렸어요. 그랬더니 꼬마 앨버트가 느끼는 공포 반응은 재빨리 쥐에게까지 전이되었다고 해요. 말하자면, 이 제는 망치로 금속을 때리지 않고 쥐만 보여줘도, 꼬마 앨버트는 금방 공 포 반응을 일으킬 수 있게 된 거예요. 또한 쥐를 떠올리게 하는 토끼나 개, 솜뭉치만 보여줘도 마찬가지였어요.

하지만 이런 고전적인 '조건 반응 이론'으로 인간의 학습을 설명하는 데는 한계가 있어요. 이런 한계 때문에 B. F. 스키너는 '조작적 조건형성' 이론을 발전시키게 되었답니다. 이 이론은 자연적인 환경에서 자동적으 로 행해지는 행동들이 어떻게 '강화'라는 방식을 통해 계속 격려받기도 하 고 좌절되기도 하는지를 보여주고 있어요.

행동주의가 보여준 통찰은 심리 치료 분야에서 여전히 유용하지만, 그 전성기는 이미 지나갔답니 다. 행동 말고 인간의 마음속에서 일어나는 일들에도 관심을 기울일 필요가 있다는 사실이 점차 밝혀지고 있 기 때문이에요. 그럼에도 불구하고 행동주의는 관찰과 측 정을 강조함으로써 심리학을 과학이라는 토대 위에 올려놓았어요.

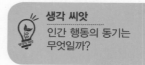

생각 씨앗
인간 행동의 동기는
무엇일까?

인본주의
심리학자

에이브러햄 H. 매슬로

에이브러햄 H. 매슬로는 제2차 세계대전 후 미국에서 일어난 인본주의 심리학 운동에서 활약한 중요한 인물 중 한 사람이에요. 심리학에서 '세 번째 세력'으로 등장한 '인본주의적 연구 방법'은 행동주의나 정신분석 이론과는 아주 달랐어요. 이 심리학은 실존주의 철학의 영향을 많이 받았다고 할 수 있답니다.

매슬로의 견해에 따르면 인간이 행동하는 동기를 파악할 때 나름의 위계질서를 가진 욕구들의 관점에서 이해할 수 있다고 해요. 맨 밑에는 생리적인 욕구들이 있어요. 그 위에는 안전을 구하려는 욕구들이 자리하지요. 그 다음에는 소속감과 사랑을 갈구하는 욕구가 있어요. 이런 식으로 올라가면 맨 위에는 '자아실현'의 욕구가 있답니다. 자아실현의 욕구는 자신의 잠재력을 온전히 실현시킬 수 있는 가능성을 말하는데, '한 사람이 될 수 있는 모든 것이 되는 것'을 뜻해요.

정상적인 과정에서는 높은 단계의 욕구들이 힘을 행사하기 전에 그 아래에 있는 욕구들이 충족되어야만 한답니다. 예를 들어, 배고픔이 해결되기 전까지는 자부심이나 아름다움에 대한 욕구들에 관심을 갖기가 어렵지요. 이렇듯 개인의 욕구들은 위쪽으로 가면 갈수록 생물학적인 욕구들에서는 멀어져요.

궁금함 대한
끝없는 질문

매슬로는 모든 사람이 자아실현을 할 수 있는데도 대다수 사람들이 아주 제한된 수준에서 자아실현을 한다고 주장했어요. 또한 자아실현을 이룬 사람에게는 전형적인 특징들이 있는데 그들은 행동과 사고가 자발적이고, 현실을 정확하게 인식할 수 있다고 설명했어요. 또

Abraham
H. Maslow
출생 1908년 미국 뉴욕
업적 자아실현이라는 심리학 이론을 정립함
사망 1970년 미국 멘로 파크

자기들이 살고 있는 문화로부터 상대적으로 독립적이고, 불확실한 상황을 기쁘게 견뎌낼 줄 안답니다. 한편 창조적이면서 문제해결에 관심이 많고, 소수의 사람들과 깊은 관계를 맺으면서 그 관계를 즐겁게 유지할 수 있는 능력도 있다고 보았어요.

매슬로는 자아실현을 이룬 사람들이 일생 동안 '최고의 경험'을 여러 번 하며, 그 순간에는 자기를 인식하지 않는다고 해요. 물론 누구나 이런 '경험'을 할 수 있지만, 자아실현을 이룬 사람들은 더 많이 경험한다고 생각했답니다.

매슬로는 인간이 행동하는 동기를 나름의 위계질서를 가진 욕구들로 이해할 수 있다고 생각했다. 음식에 대한 욕구처럼 좀 더 기본적인 욕구들이 먼저 충족되어야 한다. 그런 다음에 덜 긴급한 다음 욕구들을 향해 동기를 부여하는 힘이 행사되어야 한다.

4장

사회 사상

SOCIAL THOUGHT'

The Enlightenment
계몽주의 운동

> 계몽주의 운동은 17세기 영국에서 시작되어 18세기에 주로 프랑스에서 발전
> 한 지적인 운동을 일컫는 용어랍니다. 계몽주의 운동의 가장 큰 특징은 당시
> 의 사상들을 거부하고 이성을 옹호했다는 점이에요. 칸트는 계몽주의 운동
> 이 '인류가 스스로 갇혀 있던 유아기로부터 벗어난 사건'이라고 했어요. 모든
> 인간은 이성을 사용할 능력이 있다는 것을 자각한 거예요.

인류는 오랫동안 종교적 믿음이라는 속박에 복종하고 있었어요. 세계
의 본성, 인간의 본질, 그리고 우주 속에서 인간과 세상의 관계에 대한 모
든 물음들이 성서의 권위에 따라서 그 답이 주어졌답니다. 유럽 대륙에서
는 기독교 교회의 권위가 압도적인 권력을 행사하고 있었기 때문이에요.
그래서 한 개인이 살아가면서 행하게 되는 갖가지 일들 또한 교회에 초
점이 맞추어졌어요. 기독교 권위가 요구하는 것들을 위반하게 되면 감옥
살이, 고문, 죽음의 위험을 자초하는 것이나 마찬가지였기 때문이랍니다.

이런 시대였기 때문에 영국의 존 톨런드와 존 로크, 그리고 프랑스의
볼테르와 데니스 디드로가 계몽사상의 메시지를 표현하기 시작했던 것이
랍니다. 계몽주의에서는 기독교의 권위가 진실을 재는 잣대가 될 수 없다
고 생각했어요. 그래서 계몽 운동가들은 신을 믿지 않는 무신론자이거나
신을 믿어도 이성과 자연에 바탕을 두고 믿는 이신론(理神論) 경향이 있
었답니다. 한편으로는 종교가 관용을 베풀어야 한다고 주장했어요. 실제
로 '관용'은 계몽사상에서 중심이 되는 과제였어요.

물론 계몽주의 운동은 격렬한 비판을 받았어요. 특히 비판가들은 계몽 운동가들이 인간의 이성을 중시하는 바람에 전통, 지역성, 공동체의 중요성을 제대로 알아보지 못했다고 주장했어요. 니체는 이성이 인간 문제들에 중요한 역할을 한다는 생각조차 거부할 정도였지요.

계몽주의는 또한 현대 사회에서도 비판을 받고 있어요. 세계화가 진행됨에 따라서 보통 계몽주의 운동을 뒷받침하는 자유주의적이고 진보적인 가치들에 모든 사람들이 동의하지는 않기 때문이랍니다. 가령 급진적인 이슬람 성직자의 관점에서는 계몽주의의 가치들이 결코 보편적일 수 없어요. 서양의 제국주의적인 사고방식을 보여주는 하나의 사례일뿐이니까요.

그럼에도 불구하고 계몽주의 운동은 인류사에서 아주 중요한 역할을 했어요. 프랑스 혁명을 촉발시키기도 했는데, 이로써 '인간의 권리'에 대한 관심이 싹틀 수 있는 토대를 마련했답니다. 또한 18세기와 19세기 초 과학이 발전하고 꽃 피울 수 있는 지적인 환경을 만들어준 공로도 인정하지 않을 수 없어요. 무엇보다도 이성적인 인간의 능력으로 하나가 되는 세상을 희망했답니다. 지금도 여전히 어떤 사람들은 그런 희망을 갖고 있어요.

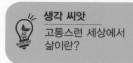
계몽주의
운동의 영웅

볼테르

프랑수아 마리 아루에가 본명인 볼테르는 가장 중요한 계몽 운동가예요. 그는 삶의 대부분을 이성을 옹호하면서 보냈고, 기독교의 권위주의가 얼마나 잔인한지를 폭로하고자 애썼답니다. 그는 무지, 신화, 미신을 적대시했고, 무엇보다도 그가 표적으로 삼은 것은 기독교였어요. 그는 고통에 가득 찬 세상을 어떻게 살아가야 하는지 깊이 고민했답니다.

젊은 시절의 볼테르는 낙관적인 이신론에 빠져 있었어요. 우주는 질서와 규칙성을 통해 신성을 드러내고 있고, 신은 우리를 도덕성을 지닌 인간으로 창조했다고 보았어요. 볼테르는 이런 견해가 악과 고통들이 널리 퍼져 있는 세상 속에서 위협받고 있다는 사실을 잘 알고 있었답니다. 시간이 지남에 따라 그는 낙관적인 입장에서 점점 멀어지기 시작했어요. 특히 라이프니츠의 낙관론을 강하게 비판했어요. 라이프니츠 철학에서는 합리적이고 완전한 신이 창조한 이 세상을 가장 좋은 세계라고 생각했답니다.

인간이 겪는 수많은 비참함에는 무분별하고 독단적인 본성이 있음을 직접 경험하면서 볼테르의 비관주의는 점점 확고해져 갔어요. 특히 리스본에서 일어난 지진은 섭리를 말하는 낙관적인 이신론으로는 설명할 수 없었어요. 이 지진은 1755년, 모든 교회가 사람들로 가득 차 있었던 만성절에 일어났거든요. 건물 9000개가 파괴되었고 3만 명이 목숨을 잃었어요. 볼테르는 '리스본 참사에 바치는 시'에서 자신의 새로운 비관주의를 이렇게 표현했답니다.

Voltaire

출생 1694년 프랑스 파리
업적 종교적 편협함과 싸우면서 이성이라는 대의를 옹호함
사망 1778년 프랑스 파리

죽을 운명인 인간들이여! 캄캄한 곳에서 슬피 우는 땅이여!
공포에 떠는 인간 무리들이여!
쓸모없는 고통에 영원히 매달려 있구나.
'모든 게 다 좋다!'고 외치는 철학자들이여, 이리로 오라.
그리고 이 세상의 비참한 폐허를 깊이 생각해보라.

그는 풍자소설 『캉디드』에서 라이프니츠의 낙관론을 신랄하게 비판했어요. 이 소설에는 변덕스럽고 고통들로 가득 찬 세상에서 살아가는 캉디드라는 이름의 주인공이 등장해요. 그는 추상적이고 사변적인 철학이 인간의 고통을 대하는 방식에 대해 얼마나 터무니없는지를 폭로합니다. 소설의 결말은 무정한 세상과 만났을 때에도 절망하지 말고 실천적이면서 적절하게 대처해야 한다고 말하고 있어요.

볼테르가 위대한 것은, 계몽주의 운동이 승리하는 데 중요한 역할을 했다는 데 있어요. 로버트 그린 잉거솔은 볼테르의 삶을 이렇게 표현했어요. '그는 용감한 두 손으로 이성이라는 신성한 횃불을 들어올렸다. 그 빛은 마침내 세상을 밝힐 것이다.'

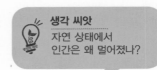
불평등 탐구자 장 자크 루소

> 『사회 계약론』 서두에서 장 자크 루소는 '인간은 자유롭게 태어나지만 어디서나 쇠사슬에 묶여 있다'고 주장했어요. 이런 생각은 당시 통용되던 생각과는 완전히 반대되는 것이었어요. 그가 살던 시대의 사람들은 자연 상태에서의 인간의 삶이란 불쾌하고, 짧고, 야만적이라고 보았거든요. 그래서 오로지 문명의 영향을 통해서만 달라질 수 있다고 믿었어요.

  루소는 인간이 원래 '고귀한 야만인'이었다는 입장을 취했어요. 홀로 평화롭게 살아가면서 주로 직접적인 욕구들을 만족시키는 데 관심을 갖고 있었고, 미래에 대한 걱정도 없고, 언어나 사회적인 존재로서 필요한 다른 요인들을 사용할 필요도 거의 없었다고 보았답니다.

그런데 고귀한 인간이 이런 자연 상태에서 멀어졌다는 생각을 하게 되었어요. 분명한 것은 사람들이 서로가 맺은 고정된 관계를 즐기기 시작하자, 경쟁과 질투와 공격성이 나타났다는 거예요. 실제로 '사유 재산의 등장'으로 노예의 삶이 나타나게 되었잖아요.

모두가 함께 사용하던 공유지에 울타리를 치고, 그 땅에 대해서 소유권을 주장하게 된 사람들이 시민 사회를 세웠다는 게 루소의 주장이랍니다. 시민 사회는 소유 관계, 다시 말해서 불평등한 관계를 정당

궁금함 대한
끝없는 질문

화하고 유지하는 수단이기 때문이지요. 사유 재산이 불평등과 도덕적 타락의 핵심 원인이라고 생각했어요.

루소는 인류가 다시 자연 상태로 돌아갈 수 있다고는 생각하지 않았어요. 그렇기 때문에 현 상황에서 문제들을 어떻게 다루어야 최선인가를 생각했지요. 『사회 계약론』에서 제시했던 주제들이 바로 이런 문제들이랍니다.

그는 이 문제를 '일반 의지'라는 개념으로 설명하고 있어요. 사회를 이룬 집단 바깥에서는 개인들이 자기 고유의 이기적인 관심을 추구할 자유가 있어요. 하지만 다른 사람들과 고정된 관계를 맺고 살기 시작하면, 그런 자유는 어쩔 수 없이 줄어들 수밖에 없겠지요. 그는 사람들이 사회 속에 살면서 자유로울 수 있는 방법이 한 가지 있다고 생각했어요. 바로 사회를 구성하는 각각의 개인들이 모두 참여해서 주권을 행사하는 '사회 계약'을 맺으면 가능하다는 거예요. 그러면 집단의 '일반 의지'에 따라 행동하게 되고 자유를 얻게 된다는 겁니다.

그러나 주권 국가의 구성원이 개인의 이익을 제쳐두고 오로지 공공의 선을 위해서만 행동해야 한다는 점은 문제가 아닐 수 없어요. 20세기에 벌어진 역사만 보아도, 특정한 '다수의 횡포'와 관련된 끔찍한 사례들이 있잖아요. 거기에서 우리는 대중들이 정치적 선택을 하는 동기가 반드시 '공공의 선'을 위한 것만은 아니라는 교훈을 얻었지요. 그럼에도 불구하고, 주권 국가를 세우는 일을 사람들의 의지에 맡기려고 했던 루소의 사상은 민주주의에 중요한 자취를 남겼답니다.

Jean-Jacques
Rousseau
출생 1712년 스위스 제네바
업적 사회계약으로 정부를 구성한다는 생각을 발전시킴
사망 1778년
프랑스 에르메넌빌

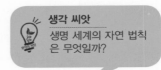
**진화의
아버지** 찰스 다윈

> 찰스 다윈은 과학의 역사에서 아마도 가장 강력하고, 누구와도 견줄 수가 없
> 는 위대한 생각을 한 사람일 거예요. 그는 자연에 새로운 변이들이 나타나
> 는 한, 자연선택이 일어나고 생명의 진화가 계속될 거라고 주장했습니다. 다
> 윈은 현대 진화 생물학의 창시자이고, 생명의 세계를 자연법칙의 영역으로
> 끌어들인 공로자입니다.

  1859년 다윈이 『종의 기원』이란 책을 출판하기 전까지는 자연을 설계한 존재를 말하지 않고는 생명 세계의 복잡함을 설명하기가 불가능했답니다. 예를 들어 사람의 눈은 너무나 복잡하고 정교한 구조라서 설계자 없이 그냥 자연적으로 만들어졌다고는 생각할 수가 없었거든요.

연구 초기에 다윈은 토머스 맬서스의 『인구론』을 읽었는데, 인구 증가 속도가 스스로를 지속 가능하게 할 능력을 초과한다는 내용이었어요. 다윈은 생명 세계가 속속들이 경쟁을 하고 있다는 사실을 깨달았답니다. 모든 종은 살아남을 수 있는 개체보다 더 많은 자손을 낳거든요. 생명체들은 살아남기 위해, 더 정학하게 말하면 번식하기 위해 경쟁을 해야만 해요. 여기에서 다윈의 자연 선택에 의한 진화론이 발전해나갑니다.

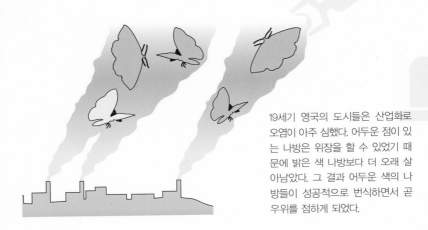

19세기 영국의 도시들은 산업화로 오염이 아주 심했다. 어두운 점이 있는 나방은 위장을 할 수 있었기 때문에 밝은 색 나방보다 더 오래 살아남았다. 그 결과 어두운 색의 나방들이 성공적으로 번식하면서 곧 우위를 점하게 되었다.

어떤 종들 안에는 구성원들에게 유전되는 형질에 변이가 일어날 때가 있어요. 예를 들면, 같은 종인데 어떤 것들은 이빨이 날카롭게 태어나고 반면 어떤 것들은 이빨이 뭉툭하게 태어나요. 그러면 후손을 남기는 경쟁에서 도움이 되는 변이는 그렇지 못한 변이보다 후손에게 더 많이 전해지겠지요. 즉 뭉툭한 이빨보다는 살아남는 데 도움이 되는 날카로운 이빨이 다음 세대로 전해진다는 거예요. 시간이 지남에 따라서 생존에 유리한 변이들이 점점 더 우세해지게 된답니다.

다윈 시대에는 유전 과정을 구체적으로 알지 못했고, 또한 변이의 원인도 알려져 있지 않았어요. 100년이 지난 지금은 유전자가 유전이 일어나게 하는 기본 단위라는 것을 알고 있어요. 그리고 이따금씩 유전자들이 돌연변이를 일으켜서 유기체가 새로운 특징들을 갖게 되고, 다윈이 말한 자연 선택 과정을 겪는다는 사실도 알고 있답니다.

출생 1809년
영국 슈루즈버리
업적 자연선택으로 종이 진화한다는 이론을 발견함
사망 1882년
영국 다우네

Social Darwinism
사회적 다원주의

> 사회적 다원주의는 사회와 사람들 사이의 관계를 이해하기 위해서 다원주의
> 의 개념들을 이용하고 있어요. 여기서는 사회가 발전하는 이유를 사람들이
> 다른 사람들과 경쟁하면서 자신의 이익을 적극적으로 추구하기 때문이라고
> 설명한답니다. 경제적인 성공을 위해 경쟁을 한다면 잘 적응한 '적합한 사람'
> 이 당연히 꼭대기에 올라가겠지요.

19세기 사회이론가 허버트 스펜서는 가장 잘 알려진 사회적 다원주의
의 옹호자였어요. 스펜서에 의해 사회적 다원주의는 개인주의적이고 경
쟁적인 자유방임 자본주의에 대한 찬사로 이어졌어요. 그는 자본주의 체
제에서 경제적 승자와 패자가 있는 것은 지극히 자연스러운 일이며 불이
익을 받는 사람들을 도우려는 사회 개혁이나 정부의 개입조차도 반대했
어요. 성공에 적합한 사람과 그렇지 못한 사람을 가려내는 자연 선택 과
정에 개입해서는 안 된다고 보기 때문이었어요. 그러면서 그는 『사회학 연
구』란 책에서 이렇게 주장했답니다. '가치가 없는 사람들이 당연히 맞게
될 죽음을 가로막아서 그들이 늘어나는 것을 돕는다면 세대가 지남에 따
라 더욱더 가치 없는 사람들을 양산하는 결과를 낳을 것이다.'

19세기 말에 많은 자본가들이 스펜서의 생각을 열광적으로 받아들였
답니다. 특히 미국의 자본가들은 자기들의 부유함을 정당화하고 사회 개
혁을 해야 한다는 요구에 저항하기 위해서 스펜서의 생각을 이용했어요.
하지만 사회적 다원주의는 별로 오래가지는 못했어요. 20세기에 들어서

면서 스펜서의 생각이 비난을 받기 시작했기 때문이랍니다.

사회적 다원주의가 찰스 다원의 연구와 거의 관계가 없다고 보는 사람도 있어요. 하지만 다원은 인간이 자연 선택의 요구에 저항하면서 스스로를 보호할 가능성이 있다고 보았어요. 그리고 그 때문에 일어날 사회적인 결과들에 대해서 걱정했답니다. 그는『인간의 유래』란 책에 이렇게 썼어요.

"우리는 저능한 사람, 불구자, 병자들을 위해서 수용소를 세우고 빈민 구제법을 제정한다. 의료진들은 마지막 순간까지 모든 이들의 목숨을 구하려고 최고의 기술을 발휘한다. 그리하여 문명사회의 약자들은 자기네 부류들을 널리 퍼트리고 번성하게 한다. 가축을 교배해 본 사람은 이 문제가 인류에게 지극히 해로울 것이라는 사실을 의심하지 않을 것이다."

물론 다원도 시대가 낳은 사람이기 때문에 이런 생각을 했다고 해서 그를 너무 가혹하게 평가할 수는 없을 거예요. 그보다는 자연 선택에 의한 진화라는 그의 사상이 충분히 강력하답니다.

※ 자유방임적인 자본주의 : 자본주의에서 개인과 기업은 이윤을 얻으려는 동기를 갖고 자유로운 시장에서 상품들을 팔기 위해서 서로 경쟁한다. 자본주의는 이 과정에 정부가 개입하지 않는다는 자유방임 원칙을 토대로 삼고 있다.

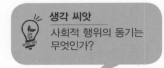

생각 씨앗
사회적 행위의 동기는
무엇인가?

**동기를 생각한
사회학자** 막스 베버

막스 베버는 20세기의 가장 중요한 사회학자일 거예요. 그는 사회적인 행위를 과학적이고, 객관적으로 연구하는 것이 사회학이라고 생각했어요. 그의 연구 방법에서 가장 특징적인 것은, 인간의 행위들을 이해하려면 사람들이 의미 있다고 여기는 활동들의 의미를 반드시 이해해야 한다고 주장한 것이랍니다.

베버는 어떤 사회적인 행위를 이해하고 싶다면 그것의 동기가 무엇인지를 살펴야 한다고 주장했어요. 그렇지 않으면 의미와 관련된 차원에서 충분하지 않다는 거죠. 하지만 사람들의 사회적인 행동과 동기를 굳이 해석할 필요 없이 사회를 분석할 수 있다는 주장도 있어요. 예를 들어, 칼 마르크스는 사회의 경제 구조 속에 있는 모순 때문에 사회 변화가 일어난다고 주장했답니다. 그렇지만 베버는 『개신교 윤리와 자본주의 정신』에서 봉건주의에서 자본주의로의 이행 같은 중요한 변화조차도 사람들이 부여하는 사상들과 의미들 때문에 일어났다고 밝혔답니다.

베버는 독일에서 초기 자본주의 형태가 출현한 것과 칼뱅주의 개신교가 유행하는 것 사이에 상관관계가 있음에 주목했어요. 칼뱅주의를 따르는 사람들은 자신들이 천국에 갈지, 못 갈지가 미리 예정되어 있다고 믿었어요. 아무것도 그들의 정해진 운명에 영향을 줄 수 없다고 생각했지요. 사실 이런 믿음을 가진 사람은 끔찍한 부담을 져야 해요. 그런데 걱정을 덜어주는 심리적인 속임수가 하나 있었어요. 바로 세속에서 성공을 거두는 것이야말로 신이 그 사람에게 호의를 베푼다는 확실한 증거라고 생각했던 거예요.

베버는 이것으로 자본주의 출현에 대해 전부 다 설명할 수 없다는 것을 잘 알고 있었어요. 하지만 그의 분석은 사회 현상을 순전히 물질적인 관점에서만 설명하려고 하는 이론들을 교정해주는 역할을 했답니다. 베버는 사회적인 행위를 의미 차원에서 이해하는 것이 사회가 진행해가는 과정을 온전히 이해하는 데 얼마나 중요한지를 보여주었어요.

베버의 영향은 오늘날까지도 강하게 남아 있어요. 실제로 종교적인 근본주의와 민족주의가 다시 나타나고 있는 지금 세계에서 베버의 주장은 선견지명이 있는 것처럼 보이지요. 베버는 사회 현상을 설명할 때 경제와 사회 구조뿐만이 아니라 사람들의 사상들과 의미들도 살펴봐야 한다고 주장했기 때문이에요. 사회에 속한 사람들에게는 자기 내면적인 삶들이 있어요. 그렇기 때문에 그들의 행동 방식을 이해하고 싶으면 행위의 동기를 살펴야 할 필요가 있는 거랍니다.

Max Weber

출생 1861년 프로이센 (현재 독일) 에르푸르트
업적 사회학의 창시자로서 이데올로기가 사회변화를 이끌어내는 과정을 밝힘
사망 1920년 독일 뮌헨

Sociology
사회학

{ 사회학은 사회가 어떻게 발달하는지, 사회의 구조와 기능은 무엇인지를 체계적이며 과학적으로 연구하는 학문이랍니다. 사람들은 항상 사회가 어떻게 기능하는지에 관심이 많았어요. 19세기 어거스트 콩트와 허버트 스펜서는 비로소 사회학을 독자적인 학문 분야로 올려 놓았답니다. }

처음부터 사회학 내에서는 사회 분석이란 과제를 어떻게 수행하는 것이 최선인지에 대해 합의된 게 없었어요. 그래서 앙리 푸앵카레는 '사회학은 가장 많은 방법론이 있지만, 가장 적은 결과를 내는 학문이다.'라고 말했을 정도예요. 예를 들어, 19세기 말에 에밀 뒤르켐은 자살 같은 사회적 현상들은 사회 통합과 같은 다른 사회적 요인들에 영향을 받는 사건으로 다루어야 한다고 강조했어요. 뒤르켐은 사회학을 실증주의적 학문으로 본 것이지요. 즉 사회학의 목표는 법률처럼 정확히 예측할 수 있는 양상들 사이에 있는 관계들을 추적하는 것이라고 했어요. 이와 달리 막스 베버는 사회학은 그 이상을 다루어야 한다고 주장했어요. 즉 사회학은 각 개인들이 자기 행동에 부여하는 의미까지 살펴봐야 한다는 것이지요. 다른 말로 하자면, 사람들의 사회적 행위와 그 의미를 해석해야 한다는 뜻이랍니다.

사회학에 일반적인 합의는 이루어지지 않았지만 대부분의 사회학 연구 방법에서 한 가지 공통되는 건 있는 것 같아요. 리다 코스미데스와 존

투비가 이름 붙인 '표준 사회 과학 모델'을 따르는 경향이지요. 이 모델에 따르면 인간의 마음은 자기만의 특정한 내용이 없는 상태랍니다. 오히려 마음을 학습과 추론 같은 과제들을 수행하는데 알맞게 설정된 하나의 보편적 기계로 보았어요. 그렇기 때문에 인간의 마음에서 발견되는 것은 무엇이든 간에, 환경과 사회라는 외부 세계로부터 들어온 것이라고 생각한답니다.

그런데 이런 방식으로 연구한 결과, 사회학 연구들은 적절한 사회학적인 설명들로부터 점점 더 멀어지고 말았어요. 예를 들어, 사회학을 공부하는 대부분의 학생들은 생물학적 요인이 인간의 행동을 결정하는 데 거의 아무런 역할도 하지 않는다고 배우고 있어요. 사회에 어떤 갈등이 있을 때에도 인간이 원래부터 타고난 공격 성향과 같은 개념은 염두에 두지 않는답니다. 사회의 규범 체계가 무너졌기 때문에 그런 현상이 생겼다거나 아니면 대립하는 사회 집단들 사이에 존재하는 근본적인 갈등의 결과라고 생각해요.

그런데 진화 심리학이 등장하면서 '표준 사회 과학 모델'은 위협받게 되었답니다. 사회학이 위기를 맞았다고 할 수도 있는데 인간의 마음을 이해하게 되면서, 인간의 행동을 사회학적으로 설명할 수 있는 여지가 점점 줄어들고 있어요. 21세기말쯤 되면 어쩌면 사회학이 뇌 과학의 하위 학문 정도로 되어버릴 수도 있는 상황이랍니다.

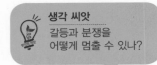
생각 씨앗
갈등과 분쟁을
어떻게 멈출 수 있나?

**비폭력
평화주의자**
마하트마 간디

간디는 가장 존경받고, 큰 영향력을 끼친 21세기 인물 중 한 사람이랍니다. 그는 소극적인 비폭력 저항을 통해 중요한 정치적 변화를 이루어냈어요. 그리하여 마틴 루터 킹, 앨버트 루틀리, 헬더 카마라 등의 정치 지도자들에게 큰 영감을 주었지요. 간디가 암살되었을 때, 네루는 이렇게 애도했답니다. "우리의 삶을 비추던 빛이 사라지고 모든 곳에 어둠이 가득하다."

간디의 비폭력, 아힘사 철학은 모든 인간에게 영혼이 있다는 믿음에 토대를 두고 있어요. 그래서 잘못된 생각이나 행동의 변화를 위해 설득할 때, 그들의 인간성이나 공감 능력 혹은 상호 이해에 호소할 수 있다고 보는 거랍니다.

폭력은 오래 지속되고, 되돌리기가 매우 힘듭니다. 따라서 폭력을 정당화하려면, 폭력을 쓰는 상황이 정의를 위해서 절대적으로 필요하다고 정당화될 수 있어야 해요. 하지만 그런 절대적인 확실함이란 있을 수가 없고, 그래서 폭력을 정당화할 수 없는 거랍니다.

간디는 사람들이 절망적인 상황과 맞닥뜨렸을 때 폭력에 이끌린다는 사실을 충분히 잘 알고 있었어요. 예를 들어, 미국의 히로시마 원자폭탄 투하가 태평양 전쟁을 서둘러 끝냈고 여러 사람들의 생명

궁금함 대한
끝없는 질문

간디의 비폭력 철학에서는 거의 예외 없이 폭력은 불필요하다고 여긴다. 심지어 압제자의 폭력에 맞닥뜨릴 때조차. 우리는 스스로의 고통과 마주하고 그들의 마음을 열기 위해서 비폭력으로 대응해야 한다.

을 구했기 때문에 누군가는 미국이 옳다고 생각할 수도 있어요. 하지만 간디는 그런 식으로 수단과 목적을 분리할 수 없다고 봤어요. 만일 훌륭한 목적을 이루려고 수상쩍은 수단을 쓴다면 그 부도덕함 때문에 목적의 훌륭함이 손상되고 왜곡될 수밖에 없다고 생각한 거예요.

분쟁을 해결하고 거대한 불의를 끝내는 방법이 폭력이 아니라면, 대체 무엇이 그것을 대신할 수 있을까요? 간디의 놀랍고도 특별한 대답은 사람은 스스로 고통을 겪어냄으로써 상대편의 온전한 인간성을 일깨울 수 있는 방법을 찾아내야 한다는 것이지요.

"정말로 중요한 것이 이루어지길 바란다면, 단지 이성만 만족시킬 것이 아니라 가슴 역시 감동시켜야 합니다. 인간의 가슴에 스며드는 감동이란 고통을 통해서 일어납니다. 고통은 내적인 이해를 드러나도록 해주기 때문입니다. 따라서 그가 인간임을 나타내주는 징표는 칼이 아니라 고통입니다."

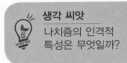
비판
이론가

테오도르 아도르노

파시즘의 등장과 홀로코스트 공포는 테오도르 아도르노의 연구에 기나긴
그림자를 드리웠답니다. 비록 마르크스가 행한 자본주의 분석을 수용했지
만, 그는 현대 자본주의 사회에서는 진보를 향한 정치 운동이 필연적으로 일
어나지는 않는다는 엄연한 현실에 직면하게 되었어요. 사실은 정반대 상황
이 벌어지고 있었거든요.

아도르노는 자본주의 발전에 주목
했던 프랑크푸르트학파의 일원이었고,
동료인 호르크하이머와 함께 『계몽의
변증법』이라는 책을 썼어요. 이 책에서
그는 현대의 위기는 특정한 종류의 이성이 우월해진 것과 관련이 있다
고 주장했답니다. 즉 알지 못하는 것에 대한 두려움에 토대를 둔 계몽
주의 사고방식 때문에 전체주의적이고 도구화된 이성 중심주의가 생
겨나게 되었다고 본 거예요. 효과적으로 인간성을 말살했던 나치즘도
이성주의의 결과물이었어요.

파시즘의 등장으로 마르크스주의에 이끌렸던 사상가들은 커다란
곤경에 처하게 되었답니다. 그 이유 중 하나는, 수많은 사람들이 다른
시대였다면 야만적이라고 여겼을 행위들을 기꺼이 묵인했기 때문이었
어요. 이런 현상을 본 아도르노는, 나치 시대를 특징짓는 복종과 공

모의 양상들을 설명할 수 있는 인격적 증상이
있는 건 아닌지 의문을 품었답니다. 이런 생각
이 최고에 달했을 때 그가 쓴 책이 『권위주의적
인 인격』이에요.

Theodor Adorno
출생 1903년
독일 프랑크푸르트암마인
업적 계몽주의에서 말하는
이성과 파시즘과의 관련성
을 밝힘
사망 1969년 스위스 비스프

아도르노는 이 연구에서 권위주의는 특정
하게 인식하는 스타일, 즉 하나의 사고방식이라
고 주장했어요. 그는 유대인을 반대하는 태도를 갖는 사람들이 흑인
이나 동성연애자들 같은 다른 소수 집단에도 편견을 가지는 경향이
있다는 사실을 발견했답니다. 아도르노는 '편견'이 권위주의적인 성격
을 지닌 사람들이 갖고 있는 특정한 신념이나 태도들과 관계가 있다고
주장했어요. 특히 권위주의자들은 확고한 믿음을 가지는 경향이 있으
며 보수적인 가치를 중요하게 생각한답니다. 또한 나약하거나 애매한
태도를 참아내지 못하는 경향이 있고 벌을 내리길 좋아하며, 권위를
매우 존중한답니다. 아도르노의 권의주의적 인격 연구는 결점이 있지
만 50년이 지난 지금까지 의미 있는 연구로 남아 있답니다.

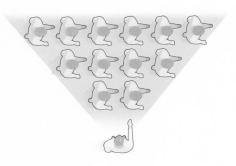

홀로코스트라는 잔혹 행위
를 설명할 길을 찾던 아도
르노는 권위주의적인 인격
유형을 발견했다. 그런 사람
들은 흔들림 없는 신념을 갖
고 있고, 차이를 참아내지 못
하며, 권위를 존중하는 태도
가 깊이 스며들어 있다는 특
징이 있다.

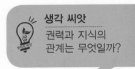

생각 씨앗
권력과 지식의
관계는 무엇일까?

저항으로서의
철학

미셸 푸코

미셸 푸코는 평범한 철학자가 아니었어요. 그는 철학을 넘어서 역사와 사회학에도 영향을 미쳤기 때문이에요. 푸코는 독창적인 연구를 통해 권력과 지식의 관계를 돌아보았어요. 그는 갖가지 통제의 밑바탕에 있는 권력의 구조를 이해할 수 있게 해주었답니다.

푸코의 주장에 따르면, 인간 존재는 권력과 담론의 관계 속에서 뭔가를 알 수 있고, 스스로를 아는 주체라고 했어요. 여기서 담론이란 인간이 사물에 대해 생각하고 말하는 방식이라고 간단하게 해두죠. 또한 그는 권력과 지식이 아주 긴밀하게 연결되어 있다고 생각했어요. 예를 들어, 그는 『광기와 문명』이란 책에서 정상인과 미친 사람을 나누어 구별하는 관행이 어떻게 사회적 통제의 기능을 하는지를 설명했답니다. 어떤 사람을 정신병 환자라고 분류하면 그들이 다르다는 사실, 즉 '타자성' 때문에 사회질서에 제기된 위협을 없앨 수 있다는 거예요.

사회를 통제하는 가장 효과적인 형태는 사람들이 스스로 알아서 하는 통제랍니다. 『감시와 처벌』이란 책에서 푸코는, 제러미 벤담이 생각한 일종의 원형감옥인 파놉티콘이 어떻게 죄수들 스스로를 통제하

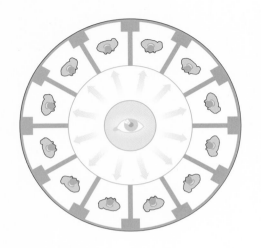

Michel Foucault

출생 1926년
프랑스 푸아티에
업적 권력과 지식이 통합
적으로 연관되어 있음을
보여줌
사망 1984년 프랑스 파리

중앙에 있는 감시 초소를 빙 둘러서
감방들이 배치되어 있는 원형감옥
인 파놉티콘은 완벽한 규제가 가능
해진 테크놀로지라고 푸코는 주장
했다. 죄수들은 감시받고 있다는 계
속적인 두려움 때문에 끊임없이 자
신의 행동을 감시해야만 한다.

게 만드는지를 보여주었어요. 파놉티콘의 구조는 실제로 간수들이 있든 없든 간에 감시체계가 효과적으로 작동한다는 사실을 보여준답니다. 자신이 감시당하는지 아닌지를 모르기 때문에, 죄수들은 감시가 계속해서 끝없이 행해지는 것처럼 행동해야 하거든요. 그 결과, 죄수들은 스스로가 자기들을 감시하는 간수가 되는 거예요.

푸코에 따르면 파놉티콘은 통합적이고 규율적인 하나의 기술이랍니다. 이 기술은 권력, 지식, 인간의 신체와 공간을 통제하는 일과 긴밀하게 얽혀 있어요. 그런데 보다 큰 사회에서도 똑같은 양상을 볼 수 있어요. 즉 각 개인들이 성적, 도덕적, 육체적, 심리적으로 정상이라는 담론과 관례들에 따라서 스스로를 감시할 때, 사회를 가장 효과적으로 통제할 수 있다는 것이지요. 권력의 구조를 이해할 수 있게 해준다는 점에서 철학은 저항으로 가는 첫걸음이라고 할 수 있답니다.

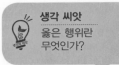
현대
공리주의자 피터 싱어

{ 피터 싱어는 아마도 살아 있는 철학자 중에서 가장 논쟁적인 철학자일 거예
요. 심지어 어떤 사람은 싱어가 나치와 비슷하다고 말한답니다. 하지만 이것
은 완전히 잘못된 비판이에요. 이와 같은 비판이 일어난 까닭은 안락사, 낙
태, 동물의 권리 같은 주제들에 대해서 그가 갖고 있는 특별한 견해들 때문
이랍니다. }

싱어는 윤리학에 대해서는 결과주의
자예요. 어떤 행위가 옳은지는 그것의
결과에 따라서 판단해야 한다고 생각했
지요. 특히 사람은 자신이 좋아하는 것
을 최대한으로 만족시키기 위해서 힘써야 한다는 게 그의 생각이랍니
다. 그런데 이 이론은 조금 깊이 생각해 보면 금방 문제가 드러나요.

사람이 아닌 동물의 경우를 생각해 보세요. 『동물 해방론』이란 책
에서 싱어는 종이 다르다는 이유로 인간과 동물을 다르게 대하는 것
은 잘못이라고 주장했어요. 오히려 동물들도 살 만한 가치가 있는 삶
을 살고 있는지를 생각해봐야 한다고 했지요.

이제 흥미로운 윤리적 딜레마가 어떻게 생기는지 볼 수 있어요, 예
를 들어, 젊고 건강한 유인원을 희생시켜서 식물인간 상태가 지속되는
사람의 목숨을 구해야 할까요? 싱어의 입장은 보통 때라면 젊고 건강

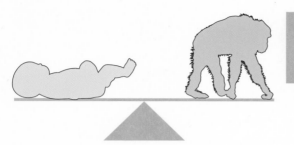

싱어의 윤리적 견해는 많은 논란을 불러일으키고 있다. 어떤 경우에는 유인원의 생명이 갓 태어난 아기의 생명보다 더 가치가 있을지도 모른다고 주장하기 때문이다.

한 유인원을 구해야 한다고 일관되게 이야기한답니다. 즉 이 상황에서는 단지 인간의 목숨이란 이유로 젊고 건강한 유인원을 죽이는 일이 정당화될 수가 없다는 거예요.

다른 예를 들어, 뇌 손상이 심각한 아기가 태어났다고 해봐요. 갓 태어난 아기는 자기에 대한 느낌이 아주 제한되어 있을 거예요. 또한 다른 사람에게 의식적으로 애착을 갖고 있지도 않은 상태지요. 그 아기는 생존하기 위해서 의식적으로 노력하지도 않을 테고, 아마도 살면서 내내 고통과 비참함을 겪을 가능성이 많을 거예요. 이런 상황이라면 부모의 동의를 얻어 아기의 삶을 끝내도록 적극적인 조치를 취하는 것이 옳다는 게 싱어의 신념이랍니다.

이런 몇 가지 일들만 봐도 싱어가 얼마나 곤란을 겪었는지를 쉽게 알 수 있겠지요. 그럼에도 불구하고 그의 주장들에서 어디가 틀렸는지는 분명하지가 않답니다. 아마도 이 이야기의 교훈은 때로 철학이 사람들을 불편한 결론으로 이끌 수 있다는 점일 지도 모르겠어요.

50인의 철학 멘토

5장

정치 경제 사상

POLITICAL THOUGHT'

마키아벨리
아담 스미스
자유지상주의
버크
토마스 페인
벤담
마르크스
하이에크
그람시

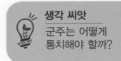

절대권력을 꿈꾼 니콜로 마키아벨리

> 마키아벨리는 성공적인 정치 지도자라면 모름지기 사자의 힘과 여우의 교활함을 모두 갖추어야 한다는 유명한 말을 남겼어요. 마키아벨리는 『군주론』에서 체사레 보르자가 자신의 정치적 경쟁자들을 제거하려고 무자비하고 교활하게 행동한 점을 높이 평가했답니다. 효과적인 통치를 위해서 군주는 선량해서는 안 된다는 게 그의 견해였거든요.

이런 의미에서 보면 마키아벨리는 도덕에 개의치 않는 무도덕주의자예요. 그는 통치자가 정치적 판단을 내릴 때는 도덕적인 고려들을 옆으로 밀쳐두어야 한다고 생각했거든요. 즉 통치자가 염두에 두어야 할 것은 오로지 권력을 잡고 유지하는 일뿐이라고 본 거예요. 통치자는 때로 잔인해질 필요가 있고, 처벌에 대한 두려움을 이용하여 나라를 다스릴 수도 있다고 생각했어요. 즉 부도덕한 방법들을 써서 행동해야 할 때도 있다는 뜻이에요.

하지만 마키아벨리가 자기 이익만을 위해서 부도덕한 행동을 선호했다고 생각해서는 안 된답니다. 정치에 관한 그의 생각은 훨씬 더 복잡하고 정교하기 때문이에요. 최고 지위의 통치자, 즉 '군주'란 모름지기 명예와 영광을 얻기 위해 애쓰는 사람이랍니다. 군주는 예상치 못한 운명을 만나더라도, 명예와 영광이라는 목적을 이루기 위해서라면 필요한 모든 일을 기꺼이 할 수 있어야 해요. 이것이 바로 군주가 뛰어난 능력을 지녔다는 표시라는 거예요. 그렇다고 잔인한 행동을 정당화하는 것은 아니랍니다. 마키아벨리는 이렇게 주장했어요.

그런 무자비함을 잘 활용한다면… 단 한 번의 일격으로 상황을 해결하면서, 자신을 보호할 수 있다. 하지만 앞으로도 계속 그럴 필요는 없다. 그 대신에 국민에게 가능한 최대한의 혜택을 베풀어야 한다. 반면 그런 무자비함을 나쁘게 이용하게 되면 시간이 지남에 따라서 무자비함이 없어지는 것이 아니라 더욱 커지게 될 것이다.

바로 여기에 중요한 핵심이 있답니다. 효과적인 통치 방법은 모두를 위해 좋은 결과를 가져온다고 마키아벨리가 믿었다는 점이에요. 잔인한 군주는 공포 정치를 통해 조화를 만들어 내는데, 자비로운 군주는 무질서를 참아 주다가 결과적으로는 공동체에 더 큰 손해를 입힐 수 있다고 주장했어요. 또한 지도자의 관대함은 대부분 불만족스럽게 끝난다고 보았어요.

마키아벨리는 사람들이 흔히 생각하는 것보다 훨씬 더 복잡하고 정교한 사상가였어요. 그의 독창성은 저급하고 비열하기 짝이 없던 당시의 정치적인 현실에 대항했다는 의미가 있답니다. 그는 위대한 지도력의 징표는 예상치 못한 운명의 요구에 통달하는 능력이라고 주장했어요.

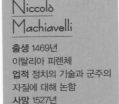

Niccolò Machiavelli
출생 1469년
이탈리아 피렌체
업적 정치의 기술과 군주의
자질에 대해 논함
사망 1527년
이탈리아 피렌체

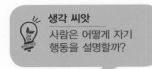

보이지 않는 손을 믿은 아담 스미스

{ 아담 스미스는 그가 쓴 『국부론』 덕분에 유명해졌답니다. 여기에서 그는 사회적이고 도덕적인 질서는 개인들의 자기 이익 추구에 의한 결과라고 했어요. 그리고 자유로운 시장이나 자유가 보장되는 시스템에서는 '보이지 않는 손'이 사회 전체에 이익을 가져다준다고 주장했지요. 그의 연구는 도덕 철학에 관한 초기 논문인 『도덕적 감정들에 관한 이론』에서 시작되었습니다. }

아담 스미스는 『도덕적 감정들에 관한 이론』에서 인간이 본능과 이성을 함께 지니고 태어난다고 주장했어요. 본능은 자기 보존과 종의 번식을 위한 욕구와 관계가 있으며, 인간 행동이 일어나는 원천이랍니다. 그는 본능의 힘을 타고난 사람들이 어떻게 도덕적인 판단을 내리는지에 대해서 의문을 품었어요. 사람들은 어떻게 자기 행동을 설명하는 것일까? 그리고 때로 자기 행동이 나빴다고 어떻게 결론을 내리는 것일까?

스미스의 결론은 우리에게는 공감 능력이 있기 때문에, 다른 사람의 입장에 서서 자신을 상상해볼 수 있다고 했어요. 우리의 내면에는 일종의 '편견 없는 목격자'가 있어서, 자신의 행동과 다른 사람의 행동을 판단할 수 있게 해준다고 본 거예요. 개인들 간의 이러한 상호 공감과 조정의 과정을 통해서 사회적이고 도덕적인 질서가 나타나는 것이랍니다.

한편 『국부론』에서 그는 사회적이고 도덕적인 질서는 개인들의 자기 이익 추구에 의한 결과라고 했어요. 그리고 자유로운 시장이나 자유가 보장되는 시스템에서는 '보이지 않는 손'이 사회 전체에 이익을 가져다준다고 주장했답니다.

여러분이 철학 서점을 운영한다고 한번 생각해 보세요. 여러분은 책에 대한 사람들의 요구를 만족시키고 고용을 창출할 수 있겠지요. 이때 합리적으로 자기 이익을 얻는다는 것은 책들에 적절한 가격을 매기는 것을 뜻해요. 그러지 않으면 사람들이 다른 가게에서 책을 사버릴 테니까요. 또한 가게에서 일하는 사람들에게 적절한 임금을 지불하는 것을 뜻하기도 해요. 그러지 않으면 그들이 다른 곳에 가서 일할 테니까요. 만일 여러분이 영국 철학자들이 쓴 책들만 팔기로 결정한다면 자기 이익을 최대화하기 위해서 합리적으로 행동하는 경쟁자들은 이 상황을 이용해서 유럽 철학에 관한 책을 팔 기회로 삼을 거예요.

그래서 적어도 이론적으로는 '자기 이익'이 어떻게 시장에 합리적으로 반응하는지, 안정적이고 상호 이익이 되는 경제 시스템이 어떻게 형성되는지 이해할 수 있답니다. 그런데 여기서 핵심이 되는 글귀는, 바로 '이론적으로는'이라는 구절이에요. 왜냐하면 자유방임주의 경제는 결코 이런 식으로 작동했던 적이 한 번도 없기 때문이에요. 바로 이 점이 스미스의 명성에 흠집이 되고 있답니다.

> Adam Smith
> **출생** 1723년
> 스코틀랜드 커캘디
> **업적** 자유방임주의 경제 이론을 명확히 정리함
> **사망** 1790년
> 스코틀랜드 에든버러

Libertarianism
자유지상주의

{ 자유지상주의 철학에서는 개인들이 살아가는 데 국가가 할 일이 아무것
도 없다고 봅니다. 그래서 자유지상주의자들은 성적 행동, 총기 소유, 마
약 사용 같은 문제에서 사회가 제한을 가해서는 안 된다고 주장하기도 해
요. 다만 국가는 개인들의 자유가 침해당하지 않도록 최소한의 역할을 해
야 한다고 말합니다. }

　자유지상주의자들이 반대하는 것들을 살펴보면, 이들의 견해에 급진
주의적인 분위기가 있음을 느낄 수 있어요. 대부분의 자유지상주의자들
은 국가가 도움이 필요한 사람들을 보호할 목적으로 복지 시스템을 통
해 안전망을 제공하는 것까지도 거부한답니다. 개인의 권리를 침해한다
고 생각하기 때문이지요. 게다가 그것이 의존적인 문화가 나타나도록 부
추긴다고 보기도 해요. 사람들이 일을 하기보다는 국가가 주는 혜택만을
받으려 한다는 거지요. 따라서 복지 시스템은 도덕적이지 못할 뿐만 아니
라 오히려 역효과를 낳는다고 생각합니다.

　자유지상주의자들은 또한 국가가 고소득층의 수입에 높은 세금을 매
겨서 좀 더 원대한 '사회적 정의'라는 목적을 추구하려는 시도 역시 반대
해요. 이런 제도는 법 앞에서 개인들이 평등해야 한다는 원칙을 침해하
는 것이라고 주장한답니다.

　그렇다면 자유지상주의에서는 빈곤을 어떻게 다룰 것인지가 문제로
떠오릅니다. 가난 때문에 사람들이 뭔가를 선택할 수 있는 능력을 박탈

당하고 있는 것은 사실이잖아요. 따라서 자유지상주의적인 원칙들로 구성된 사회는 다른 원칙들로 구성된 사회들보다 가난이 훨씬 극심할 수 있답니다. 그렇게 되면 자유의 총량 역시 줄어드는 결과를 가져올 수 있겠지요.

결국 가난과 연관된다는 이 같은 주장을 자유지상주의자들은 인정하지 않아요. 아담 스미스나 F. A. 하이에크의 사상을 옹호하는 사람들은 자유방임의 원칙들에 따라 구성된 사회가 보다 효율적일 것이라고 생각한답니다. 그리고 일반적으로 더 풍요롭게 살 거라고 보지요. 그들은 빈곤이 사람들의 능력에 영향을 미치기는 하지만 그들의 자유에 영향을 끼치지는 않는다고 생각해요. 왜냐하면 자유지상주의자들이 생각하는 자유란 단지 개인적 권리로 보장된 것들 중에서 가능한 선택을 하는 것을 뜻하기 때문이랍니다.

자유지상주의 철학은 많은 점에서 눈길을 끄는 철학입니다. 하지만 마르크스주의의 경우와 마찬가지로 자유지상주의를 실천하는 일은 이론과는 아주 다르게 전개될 가능성이 많은 것 같아요.

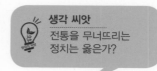

전통을 중시한 에드먼드 버크

에드먼드 버크는 체계적으로 철학을 한 사람은 아니었어요. 같은 시대를 산 토마스 페인처럼 글을 통해서 사회와 정치에 영향을 주려고 애썼던 정치 사상가였답니다. 그런데 페인과는 달리 정치적으로 보수적이었고, 전통이 가진 미덕을 열렬히 지키는 사람이었어요. 그래서 혁명적 변화를 추구하는 급진 주의적인 정치에는 반대했지요.

버크의 보수주의는 급진적인 정치사상을 깊이 의심하는 일에서 그 뿌리를 찾을 수 있어요. 그는 오랜 역사를 가진 사회 질서나 정치 질서를 무너뜨리는 것은 언제나 잘못이라고 믿었답니다. 국가는 국민에게 봉사를 하고 있기 때문에, 그런 형태를 갖게 되었고, 오래 전부터 내려오고 있는 것을 단번에 무너뜨리는 일은 현명한 일이 아니라고 생각했어요.

버크는 자신의 책 『프랑스 혁명에 관한 고찰』에서 이 생각을 명확하게 밝힌 것으로 가장 유명해요. 그는 프랑스 혁명을 1688년에 일어난 명예혁명과 비교해서 설명했답니다. 명예혁명에서 윌리엄은 아무 반대 없이 런던으로 진군해서 가톨릭교도였던 제임스 2세를 대신하여 왕이 되었잖아요. 이 경우에는 나라의 바탕이 되는 전통을 파괴하지 않으면서도 정부의 부패를 바로잡은 경우라고 본 거예요. 이와는 반대로 프랑스 혁명은 과거의 모든 것을 쓸어 없애고 사회의 뿌리와 가지를 모조리 재건하려는 시도로 보았지요. 거기에는 전통에 대한 인식도 없었고 물려받을 가치들도 없었어요. 그렇기 때문에 프랑스 혁명이 실패할 수밖에 없었다고 버크는 생각했답니다.

Edmund Burke

출생 1729년
아일랜드 더블린
업적 혁명적 사회 변화보다
전통을 옹호하는 전형적인
보수주의 저술가
사망 1797년
영국 비콘스필드

버크는 정교한 이론을 펼친 철학자는 아니에요. 그에게 주목할 점은 역사와 환경에 주의를 기울여야 한다는 생각이지요. 가령 그는 미국 독립에 관해 영국이 반항하는 식민지 사람들에게 강경하게 대하면 안 된다고 생각했어요. 대신 영국의 현명한 대처방법은 미국을 달래서 화해를 하는 거라고 말했답니다. 버크의 사상은 다음 세대의 정치 이론가들에게 영향을 주었어요. 특히 많은 보수주의 사상가들에게 기댈 언덕이 되어주고 있답니다.

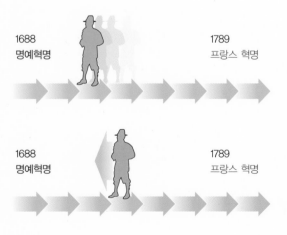

1688
명예혁명

1789
프랑스 혁명

1688
명예혁명

1789
프랑스 혁명

에드먼드 버크는 정치란 전통과 전해 내려오는 가치들의 중요성에 대한 이해를 바탕으로 해야 한다고 생각했다. 정치 사상가는 미래를 내다볼 뿐만 아니라 과거 역시 돌아보아야 한다.

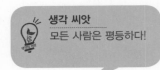

인간의 권리를
옹호한 투사

토머스 페인

토머스 페인은 두 번의 정치적 격변이 일어난 시기를 살았답니다. 미국에서 일어난 독립 혁명과 프랑스 혁명이 그것이에요. 그가 이 두 가지 사건에서 어떤 역할을 했다는 것은 급진적인 정치 사상가이자 선동가로서 중요한 사람이었다는 것을 분명히 말해준답니다. 특히 그는 마음을 움직이는 글로 사람들에게 강한 인상을 남겼어요.

필라델피아 매거진의 편집자였던 토머스 페인은 1776년 『상식』이라는 에세이를 발간하면서 유명해졌어요. 미국의 독립 전쟁 과정 초기에 일어난 사소한 충돌에서 영감을 받은 그는 미국이 영국으로부터 독립하는 것은 도덕적 의무이며 현실적으로도 꼭 필요한 일이라고 주장했어요. 그렇지 않았다면 다른 나라에 예속된 미국을 보게 되었을 거라고 했답니다.

『상식』은 곧바로 큰 성공을 거두었어요. 뿐만 아니라 미국의 독립을 이끈 주요 인사들에게 알려지는 바람에, 페인은 더욱 명성을 떨치게 되었답니다. 조지 워싱턴이 트렌턴 전투를 치루기 전에 페인으로 하여금 군대 앞에서 큰 소리로 낭독하게 한 일은 유명한 일화이지요.

지금은 인간의 영혼을 시험하는 시간이다. 여름날 한가로운 햇살

아래에 있을지라도 군인과 애국자는 이런 위기가 닥쳤을 때, 자기 조국을 위한 의무감으로 움츠러들 것이다. 하지만 지금 일어서는 사람은 남녀노소 모두의 사랑과 감사를 받을 자격이 있다.

미국 독립전쟁이 끝나자 페인은 고향인 영국으로 돌아가서 『인간의 권리』란 책을 썼어요. 이것은 프랑스 혁명의 원칙들을 옹호하는 내용이랍니다. 책에서 그는 모든 사람들이 날 때부터 평등한 권리를 갖고 태어난다고 주장했어요. 하지만 집단 속에서 살아가는 인간은 갈등과 불일치를 겪고, 때론 권리가 침해당하기도 해요. 그렇기 때문에 모든 사람의 권리를 보장하기 위해서 정부의 보호가 필요하게 되지요. 이때 국민에 의한 정부, 그리고 국민을 위한 정부만이 합법적이라고 그는 생각했답니다. 페인은 특히 민주주의 공화정을 지지했어요.

『인간의 권리』를 쓰고 나서 페인은 프랑스로 망명해야만 했어요. 그는 계속해서 『이성의 시대』와 『농업정의』 같은 책들을 썼지요. 페인은 정치적 좌파의 역사에서 유명한 사람이랍니다. 독창적인 사상가는 아니었지만 뛰어난 저술가였거든요. 그가 쓴 글은 여전히 사람들을 감동시키고 있답니다.

Thomas Paine
출생 1737년 영국 셰트퍼드
업적 모든 사람이 평등하게 태어난다는 생각을 옹호한 사상가
사망 1809년 미국 뉴욕

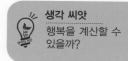

생각 씨앗
행복을 계산할 수
있을까?

완벽한 공리주의자 제러미 벤담

> 제러미 벤담은 200년 전에 죽었지만 런던 대학의 복도를 지나가다 보면 지금
> 도 그의 모습을 볼 수 있답니다. 후세 사람들을 위해서 박제로 만들어진 그
> 의 유해가 유리 상자 속 의자에 앉아 있기 때문이에요. 좀 기이하게 들리지
> 만 벤담 자신이 그것을 원했다고 해요. 이 '자기 우상'은 자신의 사상이 계속
> 살아있기를 바랐던 벤담의 소망이었던 거예요.

벤담을 가장 유명하게 만든 사상은 '공리주의'라고 불
리는 윤리적인 학설이에요. 이것은 보통 '최대 행복의
원리'라는 것에 그 기초를 두고 있답니다. 이익이 걸
려 있는 집단의 행복을 증대시키는지 또는 감소시키
는지에 따라서 어떤 행동을 수긍하거나 반대할 수 있
다는 것이지요. 물론 그 행동이 행복을 증대시키는지 아
닌지를 어떻게 판단할 수 있는지의 문제가 금방 떠오를 거예요. 놀랍
게도 행복 계산법을 사용하면 이것을 정확히 계산할 수 있다는 게 벤
담의 생각이었어요. 특히 그는 행복을 세기, 지속성, 순수성 같은 속
성들을 가지고서 계산할 수 있다고 주장했어요. 따라서 저울의 한쪽
에다 모든 행복들을 올리고 다른 쪽에는 모든 고통을 올려놓았을 때,
행복 쪽이 더 무거우면 그 행위는 옳은 거랍니다.

공리주의는 오늘날에도 커다란 영향력을 끼치고 있어요. 그럼에도 불구하고 중요한 결함들이 상당히 많아서 곤란을 겪고 있어요. 우선 공리주의를 뒷받침하는 윤리적인 원리에는 좀 비인간적이고 경직된 점이 있다는 거예요.

또 다른 난점은 최대 다수의 최대 행복을 증대하기 위해서 특정 개인의 행복할 권리를 희생시켜야 할 경우도 있다는 거예요. 예를 들어, 무고한 사람을 한 명 처벌해서 수백 명의 목숨을 구할 수 있다면 벤담의 공리주의적인 입장에서는 무고한 사람을 처벌하는 쪽이 옳은 일이 될 가능성이 다분하답니다. 그러나 여전히 벤담의 이름은 200년이 지난 지금까지 공리주의라는 중요한 철학 이론과 함께 거론되고 있답니다. 그의 유산은 안전하게 보존된 셈이라고 할 수 있어요.

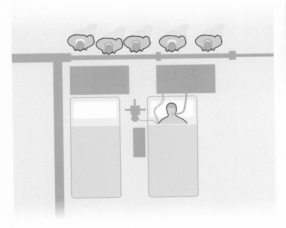

Jeremy Bentham

출생 1748년 영국 런던
업적 공리주의라는 윤리학 체계를 널리 알림
사망 1832년 영국 런던

감염이 널리 퍼지는 것을 막기 위해서 어떤 사람을 격리 시설에서 죽게 놔두는 것이 옳을까? 만일 '옳은' 행위가 최대 다수의 행복을 증대시킨다 해도, 그런 비인간적인 선택을 하는 일을 쉽사리 무시할 수는 없을 것이다.

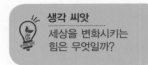
평등한 세상을
꿈꾼

칼 마르크스

사상적으로 세상에 끼친 영향력 면에서 보면, 칼 마르크스는 근대 철학자 중
가장 중요한 사람일 거예요. 그가 쓴 책에 영감을 받아서 러시아와 중국에
서는 사회주의 혁명이 일어났기 때문이랍니다. 또한 스스로를 마르크스주의
자라고 말하는 사람들이 전 세계에 지금도 아주 많이 있답니다. 비록 그들이
생각하는 대로 사회는 변하지 않았지만요.

마르크스의 견해에 따르면, 인간의 본성은 집단으로
일하고 자유롭게 자기 노동을 선택하는 과정에서 함
께 협력하는 존재입니다. 그러면 자아실현도 보다 잘
이루어낼 수 있겠지요. 하지만 현실은 그렇지 못하다
는 것을 마르크스는 분명히 밝혀냈어요. 역사에 존재
했던 모든 사회들에는 사회적 계급이 나타났기 때문에
이 과정이 왜곡되어 왔다는 거예요. 즉 생산 과정을 소유하고 통제하
는 사람들과 그렇지 못한 사람들로 나뉘어 있었다는 뜻이랍니다. 여
기에서 중심사상은 사람들이 노동을 하는 과정에서 언제나 소외되어
왔다는 거예요. 이들은 자기들이 참여하고 있는 생산 활동의 환경이
나 생산물에 대해 아무런 통제를 할 수가 없어요. 그 결과 인간으로서
의 중요한 본성에서도 소외되어버린 거지요.

　　그는 이와 같은 소외가 최고에 달한 사회, 그것이 바로 자본주의

궁금함 대한
끝없는 질문

사회라고 주장했어요. 자본주의는 두 계급 사이에서 일어나는 근본적인 갈등을 특징으로 하고 있어요. 공장 같은 생산수단을 소유한 부르주아 계급과 가진 것이 자기 노동력밖에 없는 프롤레타리아 계급을 말해요. 프롤레타리아는 스스로 선택하지 않은 환경에서 노동력을 팔 수밖에 없기 때문에 소외된 사람들이지요.

Karl Marx

출생 1818년 프로이센 트리어(현재 독일)
업적 마르크스주의라고 불리는 역사적이고 혁명적인 사회변화 이론을 발전시킴
사망 1883년 영국 런던

　마르크스는 프롤레타리아가 인간을 해방시킬 수 있는 잠재력을 가지고 있다고 보았어요. 그들은 갖가지 모순을 가진 자본주의를 몰락시키고 집단적 소유에 바탕을 둔 새로운 사회를 세울 것이라고 주장했답니다. 그럼으로써 모든 소외를 끝나게 하는 거지요.

[표] 사회 변화를 바라보는 마르크스의 관점
역사적으로 가진 자들과 못 가진 자들 간의 구분이 사회적 갈등의 근본 원인이 되어왔다.

원시 공산주의 : 수렵 채취의 생활방식. 매우 단순한 기술과 공동 소유

고대 : 주인과 노예 간의 구분에 근거해서 사회 질서가 형성됨

봉건시대 : 농업에 바탕을 둔 생산 양식. 땅을 소유한 지주와 농노가 있음

자본주의 : 부르주아와 프롤레타리아 간의 구분을 특징으로 하는 산업적인 생산방식

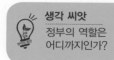

생각 씨앗
정부의 역할은
어디까지인가?

현대의 자유주의자 F. A. 하이에크

제 2차 세계 대전이 끝난 뒤 유럽에서는 국가의 통제와 사적 소유가 결합해야만 경제 활동이 효율적으로 이루어진다고 보는 견해가 널리 퍼져 있었어요. 영국에서는 여기에 복지 국가와 완전 고용이라는 약속까지 더해져 '전쟁 후에 합의된 여론'이라고 불렀답니다. 그러나 작은 정부를 열렬히 옹호한 하이에크의 생각은 달랐어요.

고전적 자유주의자인 하이에크는 개인들이 아무런 제한 없이 목표를 추구하는 것에 정부가 개입해서는 안된다고 보았답니다. 그는 자신의 가장 유명한 책 『노예로 향하는 길』에서 중앙집권적인 계획과 정부의 개입은 자칫 전체주의 사회로 향해 갈 위험이 있다고 주장하면서 '경제적인 통제는 나머지 인간의 삶과 구분할수 있는 삶의 한 부분만을 통제하는 것이 아니라 우리 삶의 목적 전부를 이루기 위한 수단들을 모조리 통제하는 것'이라고 했어요.

하이에크는 정부가 하는 역할이 법을 집행하는 일로 얼마간은 제한되어야 한다는 견해를 갖고 있었어요. 하지만 특정한 결과를 위해서 시장을 교묘하게 조종하는 정부의 시장 개입은 반대했어요. 특히 국가가 물질적인 평등을 위해서 힘써야 한다는 데 반대했답니다. 이를테면 부자가 가난한 사람보다 높은 세금을 내는 누진세 제도를 반대했는데 모든 개인들이 법 앞에서 평등해야 한다는 원칙을 침해한다고 생각했기 때문이지요.

하이에크는 남을 배려하는 마음이 없는 사람이라고 평가받기도 해요. 하지만 그가 살았던 시대를 살펴보면 많은 지식인들이 나치의 국가사회주의와 스탈린주의라는 유령에 사로잡혀서 힘들어했답니다. 그도 마찬가지였고, 그래서 전체주의 사회가 없애려드는 자유를 방어할 수 있는 최선의 방법으로 작은 정부를 내세운 거예요. 중앙 정부가 개인의 자유까지 지켜줄 수는 없다고 생각했고, 자발적인 사회를 통제하려는 시도는 필연적으로 전체주의로 향할 수밖에 없다고 보았기 때문이지요.

20세기 후반기까지 하이에크의 생각은 소수의 견해에 불과했어요. 존 메이너드 케인스의 경제 이론에 근거를 둔 전후의 합의가 1980년대까지 서구의 정치와 경제를 지배했기 때문이랍니다. 하지만 영국의 마가렛 대처 수상과 미국의 레이건 대통령이 작은 정부를 옹호하면서 하이에크의 명성이 높아지기 시작했어요. 그는 이제 케인스와 동등하게 20세기의 위대한 경제학자로 간주된답니다.

※ 전체주의 : 한 사람, 또는 하나의 정당이 단일한 정치 행위자로서 절대 권력과 권위를 주장하는 하나의 정부 시스템. 나치 독일과 스탈린의 소비에트 연방이 전체주의 사회를 대표하는 예들이다.

F. A. Hayek
출생 1889년
오스트리아 비엔나
업적 케인즈 학파에 맞서서
정부에 제한을 가해야 한다
고 주장함
사망 1992년
독일 프라이부르크

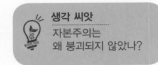

생각 씨앗
자본주의는
왜 붕괴되지 않았나?

이탈리아
공산주의자

안토니오 그람시

결정론적인 마르크스주의에서는 공산주의로의 이행이 필연적으로 일어난다고 생각한답니다. 자본주의 사회의 경제적 토대에 존재하는 모순들 때문이지요. 안토니오 그람시는 이런 노골적인 '경제주의'에 반대하면서 자신의 지적인 삶의 대부분을 보냈답니다. 실제로 그는 이런 사고방식이 순진하고 원시적이라고 생각했어요.

그람시는 결정론을 믿는 많은 마르크스주의자들의 생각과는 달리 자본주의가 훨씬 더 유연하다고 보았답니다. 왜냐하면 프롤레타리아 노동자 계급은 지배 계급인 부르주아의 헤게모니 통제를 받기 때문이에요. 이것은 시민사회 안에 신념과 가치, 관습과 풍습들이 빈틈없이 스며들어 있다는 것을 뜻해요. 지배 계급의 헤게모니가 이미 세워진 질서와 그 사회를 지배하는 계급의 이익을 어떤 식으로든지 뒷받침한다는 거지요. 이것은 프롤레타리아가 계속해서 부르주아에 종속되어 있다는 뜻이에요.

'헤게모니' 개념은 마르크스가 예견했던 혁명적 의식을 프롤레타리아가 왜 발전시키지 못하는지를 설명해줍니다. 즉 헤게모니 때문에 자동적인 자본주의 붕괴가 일어나지 못한다는 뜻이에요. 왜냐하면 부르주아가 사회의 '상부 구조'를 이루는 요소들, 이를테면 미디어, 교육

112

궁금함 대한
끝없는 질문

시스템, 법률 시스템을 지배하고 있기 때문이지요. 그러므로 헤게모니는 성공할 수 있는 혁명적인 전략이 어떠해야 하는지를 알려주는 중요한 개념이랍니다.

그람시는 빠르게 치러지는 '기동전'과 천천히 진행되는 '진지전'을 구분했어요. 가령 1917년의 러시아에서처럼 부르주아가 헤게모니를 장악하지 못한 상황에서는 재빨리 이루어지는 혁명전쟁인 기동전이 성공할 수 있었어요. 이와 달리 현대 서구의 시민사회는 상부구조가 전쟁의 참호와 같았던 거예요. 자본주의는 주기적인 위기에서도 계속 살아남았지요. 이런 상황에서는 '진지전'이 필요하답니다. 이것은 프롤레타리아가 이데올로기적 헤게모니를 장악하기 위해서 긴밀히 연합하고 투쟁하는 것을 뜻해요. 그러기 전까지는 사회주의로의 이행이 일어나지 않을 거라고 그람시는 생각했답니다.

그람시의 연구는 마르크스주의자들이 생각하는 표준화된 틀에 정교함을 더해주었어요. 만일 자본주의가 무너지지 않는다면 프롤레타리아가 부르주아의 헤게모니 때문에 해방자로서의 자신의 진정한 운명을 보지 못하기 때문이라는 거예요. 그람시는 자본주의는 불안정하기 때문에 한 번의 진지전만 잘 치른다면 혁명을 이룰 수 있다고 생각했어요. 그람시 이론은 실제로 마르크스주의자들이 따르는 표준 노선이 되었어요. 즉 혁명이 바로 코앞에 있다고 봤지요. 그런데 21세기가 된 지금 정치 현실을 돌아볼 때, 그의 이론이 더 이상 그럴듯하게 보이지는 않는답니다.

Antonio Gramsci

출생 1891년
사르디니아 알레스
업적 헤게모니 개념을 발전시켜 마르크스주의자들에게 영향력을 발휘함
사망 1937년 이탈리아 로마

6장

교육 사상

EDUCATIONAL THOUGHT,

존 듀이
장 피아제
로렌스 콜버그
노암 촘스키

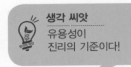

실용주의 철학자 존 듀이

현대 철학자 리처드 로티는 살짝 비아냥거리면서 진리를 정의했어요. 진리는 '누군가 없애버려도 동시대 사람들이 그냥 내버려 두는 어떤 것'이라고 말했답니다. 로티는 진리가 세상에서 일어나는 실제 상황들과 반드시 일치하지는 않는다는 철학의 한 전통을 대변했어요. 아마도 이 전통에서 가장 중요한 흐름은 실용주의 철학일 거예요.

듀이에 따르면, 참 거짓을 평가할 수 있는 잣대는 그것이 쓸모가 있는지 알아보는 거예요. 세상을 살아갈 때에도 행위의 유용함을 따져보라는 말이지요. 보통 사람들은 사회적으로 허락된 습관들을 따르면서 일상을 꾸려가고 있어요. 하지만 가끔 기존의 습관들과 맞설 때가 있답니다. 가령 어떤 과학자가 실험을 통해서 새로운 데이타를 얻었는데, 이 데이타를 기존의 과학 이론과 일치시킬 수 없는 상황에 부딪쳤다고 생각해 보세요. 그러면 진정한 의심이 일어나고 질문과 탐구가 이어지겠지요.

어떤 문제가 생기면, 그것을 분명히 확인해야 한다는 게 듀이의 주장이랍니다. 문제를 해결하기 위해서는 먼저 여러 가지 가설을 세워야 해요. 이 과정은 상상력이 필요한 창조적인 일이고 기존에 주어진 상황 너머로 나아가는 것을 의미한답니다. 이 탐구 과정의 마지막 단계는 다양한 가설들이 품고 있는 관련 내용들을 철저히 연구하는 것을 의미해요. 그런 다음에는 그것들을 경험적으로 검증해 봐야겠지요. 실제로 검증 과정은 아주 중요하답니다. 그래서 새로운 믿음이 습관의 틀 속에 통합되면 문제가 해결되는 것이지요. 이 습관의 틀 덕분에 사람들은 자기 삶에서 일어나는 사건들을 이해하고 행동할 수 있게 돼요. 듀이는 진리가 바로 이런 식으로 작동한다고 생각했답니다.

John Dewey
출생 1859년 미국 버링턴
업적 실용주의 철학 학파를 창시함
사망 1952년 미국 뉴욕

합리적 추론을 하기 위해서 우리는 유연하고 섬세하게 생각할 수 있어야 해요. 그래서 어떤 식으로 교육받아야 할지가 분명해집니다. 특히 듀이는 교육이 틀에 꽉 짜여서 지나치게 교훈적이어서는 안 된다고 주장했답니다. 학생들에게 수동적으로 정보를 받아들이게 하는 건 이상적인 교육이 아니라는 거예요. 그는 학생들을 능동적이고 서로 협력하는 학습 과정에 참여시켜야 한다고 생각했어요. 적절한 교육의 목표는 새로운 정보와 상황에 창의적으로 대응하도록 학생들을 격려하는 것이라고 보았답니다.

1952년에 듀이가 죽을 때까지만 해도, 실용주의는 전문 철학자들의 관심을 크게 끌지 못했어요. 하지만 교육 이론과 자유주의 사상, 진보적 사상에 끼친 그의 영향력만큼이나 그가 철학 역사에서도 중요한 인물인 것은 틀림없답니다.

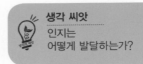
인지
심리학자

장 피아제

장 피아제는 지능 발달에 관련된 이론으로 잘 알려져 있어요. 이 이론에 따르면, 인간은 유전적으로 정해진 시간표를 갖고 태어나는데, 이에 따라서 삶의 각 시기마다 특정한 인지 능력들이 나타난다고 합니다. 피아제는 다섯 살짜리 아이가 세상을 이해하는 방식과 열두 살짜리가 이해하는 방식은 질적으로 완전히 다르다고 주장했어요.

피아제는 인지발달 과정을 네 단계로 구분했어요. '감각 운동 시기'는 태어나서 처음 2년간 지속되는 단계예요. 이 단계에서 아기는 '대상이 지속됨'을 인지하고 발달시킨답니다. 자기가 상호 작용하는 대상이 자신과 분리되어 독립적으로 존재한다는 것을 인식한다는 뜻이에요. 두 번째 단계인 '전조작기'는 대략 2세에서 7세 사이에 진행된답니다. 아이는 이 시기에 상징과 언어를 사용하고 조작하는 능력을 발달시켜요. 그러나 상황을 일반화하는 능력은 아직 나타나지 않아요. 7세부터 11세 시기에 나타나는 세 번째 단계인 '구체적 조작기'에는 논리적인 원리들을 사물에 적용하는 능력이 나타나지요. 이 시기의 아이는 자기중심적인 성향이 줄고, 자기의 관점이 여러 관점들 중의 하나일 뿐임을 알게 된답니다. 마지막 단계인 '형식적 조작기'는 보통 11세부터 15세 사이에 시작되는데, 구체적 상황에서 한발 물러나서 추상적으로 사고하는 능력을

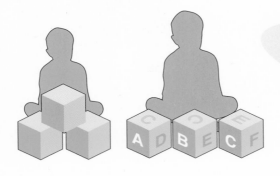

Jean Piaget

출생 1896년 스위스 뇌샤텔
업적 인지 발달에 관한 영향
력 있는 이론을 발전시킴
사망 1980년 스위스 제네바

피아제는 지능의 발달이 예측
가능한 방식으로 일어나며, 주
로 유전인자들에 의해 결정된
다고 생각했다. 다섯 살 아이는
갓 태어난 아이와 완전히 다른
세계를 인식한다.

갖게 되는 특징이 있어요. 피아제가 보기에는 거의 모든 사람들이 20
세가 되기 전에 이 발달 단계를 성취한답니다.

피아제에 따르면, 인지발달은 모든 개인들의 유전자에 이미 심어져
있어요. 그리고 '동화 작용', '불균형', '적응'이라는 과정을 거치면서 진
행된답니다. 만일 아이가 완전히 새로운 경험을 만나게 되면, 그 경험
을 예전의 계획에 흡수하고 동화시킬 수가 없게 될 거예요. 그렇게 되
면 불균형한 상태가 일어나겠지요. 이 난관에서 빠져나오는 방법은 새
로운 경험을 적응시키기 위해서 이전의 계획을 바꾸는 것이에요. 피
아제는 지능의 발달이 이런 식으로 일반적인 적응 과정을 통해서 일
어난다고 생각했답니다.

피아제의 이론에 비판이 없는 것은 아니에요. 하지만 그의 연구는
교육에 엄청난 영향을 미쳤어요. 예측되는 지능의 발달이 있을지라도,
아이에게 적극적인 학습 상황을 만들어준다면 인지 능력이 더욱 발달
할 수 있다고 주장했기 때문이지요.

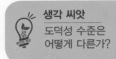
도덕성의 발달을 연구한 심리학자 로렌스 콜버그

심리학자 로렌스 콜버그는 '하인즈 딜레마'로 유명한 이야기를 통해 도덕성이 발달해 가는 '단계 이론'을 연구했어요. 그는 도덕적인 선택이 지적인 발달 단계와는 다르게 이루어진다고 말했어요. 그러면서 도덕성의 발달이 어떻게 인지 발달과 연결되는지를 나름대로 세심하게 밝혀주었지요. 또한 더 높은 도덕 수준으로 가기 위해 교육이 중요하다고 생각했답니다.

어떤 여성이 죽어가고 있다고 상상해 보세요. 그녀를 살릴 수 있는 약은 딱 한 곳에서만 살 수 있는데 약값이 이천만 원이나 해요. 남편 하인즈는 겨우 약값의 반 정도를 구했어요. 그는 가게 주인한테 가서 아내가 죽어가고 있는데 돈이 모자라니 약값을 깎아주든지, 나머지 돈을 나중에 주겠다고 애원했어요. 하지만 주인은 반절 가격에 팔아도 이윤이 많이 남는 데도, "안 돼요!"라고 딱 거절해 버렸어요. 그러자 너무나 절망에 빠진 하인즈는 결국 가게를 부수고 들어가서 약을 훔쳤답니다. 하인즈의 행위에 대해 어른들의 판단과 어린 아이의 생각은 다를 거예요. 여기서는 어떤 행동이 옳고 그른지가 중요한 게 아니라 그런 행위를 한 이유가 무엇인지가 중요하답니다.

콜버그는 도덕성의 발달 수준을 세 가지로 구분했어요. 각 수준은 다시 두 가지 단계로 나누어진답니다. 먼저 '관습 이전의 수준'이 있는

데, 이 수준의 첫 단계에서는 행위의 옳고 그름을 권위나 처벌 가능성
에 따라 결정해요. 두 번째 단계에서는 보상이 있느냐 없느냐에 따라
서 도덕적 결정을 내리는 단계예요. 이 수준에 있는 어린 아이는 하인
즈는 벌을 받을 거니까 약을 훔친 행동이 잘못되었다고 생각할 거예
요. 두 번째 '관습적 수준'은 대부분의 청소년들과 성인들이 이 수준의
도덕성 발달을 이루고 있다고 생각되는데 도덕적인 판단을 내리는 근
거가 자신이 속한 큰 사회 집단과 밀접한 관계가 있답니다. 이 수준의
첫 단계에서의 옳은 행동은 다른 사람의 인정을 받을 수 있는 행동이
에요. 그리고 이 수준의 두 번째 단계는 법을 따르고 책임감이 있어야
좋은 행동이라고 여겨요. 세 번째 도덕성 발달 수준은 '관습을 벗어난
수준'인데 콜버그에 따르면 전체 인구의 5분의 1 정도만 여기에 도달한
다고 해요. 이 수준의 두 번째 단계의 도덕적인 추론은 매우 추상적이
어서 보통 사람은 성취하기가 힘듭니다. 정의, 인간의 존엄함, 인간
삶의 신성함 같은 보편적인 개념들로 이루어지기 때문이에요.

콜버그는 나이가 많다고 해서 반드시 도덕성의 발달이 일어난다고
는 생각하지 않았어요. 그리고 사람들이 자신의 도덕적인 판단 과정
을 생각해보고, 토론해봐야 한다고 보았답니다. 각 개인들은 도덕성
발달 단계를 그냥 건너뛸 수는 없어요. 우선 지금 자기의 단계보다 바
로 위에 있는 수준의 도덕성 발달이 적절하다
는 사실을 인정할 수 있어야 한답니다.

Lawrence Kohlberg

출생 1927년 미국 브롱스빌
업적 도덕성의 발달에 관련
해서 대단히 독창적인 단계
이론을 세움
사망 1987년 미국 보스턴

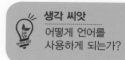
 생각 씨앗
어떻게 언어를
사용하게 되는가?

노암 촘스키

1957년 노암 촘스키의 『통사 구조』가 출판되기 전에는 스키너 같은 사상가들
이 언어 발달 이론의 주류를 이루고 있었어요. 아이들은 훈련과 경험의 결과
로 언어를 습득하고, 특히 선택적 강화라는 메커니즘이 중요한 역할을 한다
고 봤지요. 하지만 촘스키의 생각은 전혀 달랐어요. 그는 인간이 언어구조의
근본 원리를 이해할 수 있는 능력을 타고난다고 주장했어요.

촘스키는 언어 사용자가 문장의 일부만 들었는데도, 어떻게 문장을 무한정으로 만들어내고 이해할 수 있는지를 설명했어요. 이런 능력은 인간이 언어 구조에서 두 가지 다른 수준 사이를 오갈 수 있기 때문에 가능하다고 그는 주장했지요. 예를 들어 '고양이가 쥐를 먹었다'와 '쥐가 고양이한테 먹혔다', 이 두 표현을 보세요. 밑바탕에 깔려있는 의미(심층 구조)는 같지만, 다른 문장이잖아요. 바로 겉보기 구조가 다르기 때문이에요. 간단히 설명하면, 사람들이 일련의 '변형 규칙들'을 활용할 수 있기 때문에 의미 있는 문장들을 말할 수 있다는 게 촘스키의 견해랍니다. 변형 규칙은 사람들이 말하고 싶은 의미를 특정한 단어들과 구절들로 전환할 수 있게 해 주지요. 따라서 문장의 의미는 심층 구조에 의해 구성되는 것이랍니다. 그는 우리가 겉보기 구조를 심층 구조로 바꾸어낼 수 있는 언어적 능력을 타고난다고 보았어요.

이러한 견해를 뒷받침하는 증거는 아주 설득력이 있어요. 아이들은 이전에 들었던 단편적이고 적은 수의 문장을 갖고 훨씬 더 많은 문장들을 만들어낼 수 있잖아요. 입으로 말하는 언어는 불완전한 매체예요. 즉 사람들은 불완전한 문장으로 말하고, 불분명하게 발음하고, 실수도 하지요. 또한 자기들이 말하는 문장의 겉보기 구조를 다른 식으로 바꿔버리기도 하고요. 그런데도 아이들은 여전히 언어를 배운답니다. 공통의 언어 사용자 집단으로부터 정확한 안내를 받지 않아도 아이들은 아주 자연스럽게 언어를 배우게 돼요. 촘스키는 선천적으로 타고난 '언어 습득 장치'가 인간에게 존재한다고 가정해야만 이런 모든 사실을 설명할 수 있다고 생각했어요.

변형 생성 문법에 관한 촘스키의 연구가 주류 이론은 아니지만 20세기 후반기에 언어학에 혁명적인 변화를 가져왔어요.

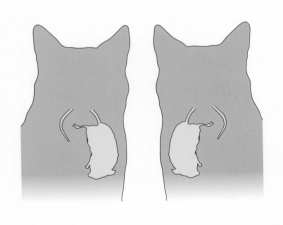

'고양이가 쥐를 먹었다'와 '쥐가 고양이한테 먹혔다'는 두 문장은 겉보기에는 달라 보이지만 같은 의미이다. 둘 다 '쥐가 결국에는 고양이의 먹이가 되었다'는 것을 뜻한다.

Noam Chomsky

출생 1928년
미국 필라델피아
업적 인간은 언어구조를 이해할 수 있는 능력을 가지고 태어난다고 주장함

7장

페미니즘

FEMINIST THOUGHT

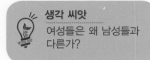

생각 씨앗
여성들은 왜 남성들과
다른가?

**최초의
페미니스트**

메리 울스턴크래프트

{ 메리 울스턴크래프트는 아주 뛰어나고 독창적인 철학자는 아니었지만 토머스 페인만큼이나 급진적인 사상가였어요. 페인처럼 그녀도 사람들 사이의 계층 구분이 억지스럽고 인간성이 꽃피울 수 있는 잠재력을 훼손시켰다고 생각했답니다. 하지만 그녀는 아주 중요한 지점에서 페인과 생각이 달랐어요. 그녀는 인간의 권리뿐만 아니라 여성의 권리까지 옹호했답니다. }

울스턴크래프트는 계몽주의의 관점을 지지했어요. 즉 이성적인 존재인 사람들의 잠재력을 실현시킬 수 있도록 사회가 조직되어야 한다고 본 거예요. 불행히도 그녀가 살았던 세상은 이런 이상을 실현시키려면 갈 길이 아주 먼 사회였어요. 특히 여성들은 자신의 지적이고 이성적인 능력들을 억제하도록 길러졌거든요. 여성들은 남성들의 의견을 따라야 하며 남자들을 매혹시키고 비위를 맞출 줄 아는 순종적인 성적 매력을 계발하라고 가르쳤답니다. 하지만 이 때문에 여성뿐만이 아니라 남성 역시 고통을 받는다는 게 울스턴크래프트의 생각이에요. 만일 여성들이 남성들이 누리는 권리를 함께 누릴 수 있다면, 여성들 역시 남성들이 지닌 미덕들을 충분히 실현시킬 거라고 보았던 거지요.

여성이 불평등하게 된 주요 원인은 교육 때문이었어요. 그래서 울스턴크래프트는 『여성의 권리 옹호』란 책의 서문에서 가정과 학교에서

126

궁금함 대한
끝없는 질문

여성을 무시하는 교육이 이루어지고 있다고 지적했어요. 그녀는 특히 여성들의 성격적 특성이 남성과 반대라고 가르치는 점에 의문을 제기했답니다. 여성의 본성은 다른 사람을 위해서 사는 거라고 가르치는 교육에 변화가 있어야만 한다고 믿었어요. 또한 루소와는 다르게 여성들이 남성과 똑같이 일반적인 방식으로 교육 받아야만 한다고 주장했지요.

울스턴크래프트의 메시지는 확실히 그 당시에는 급진적이었지요. 하지만 그녀가 지금과 같은 현대적인 페미니즘을 옹호했다고는 생각할 수 없을 거예요. 가령, 여성의 가장 우선적인 의무는 어머니가 되는 것이라고 생각했거든요. 비록 이것이 남자에게 여성이 종속되는 것을 뜻하는 건 아니라고 했지만 말이에요. 그럼에도 불구하고 그녀는 페미니스트들에게 많은 영감을 준 사람이에요. 비록 여성의 권리를 옹호한 최초의 인물은 아닐지라도 최초의 페미니스트라고 말해도 될 정도로 울스턴크래프트는 중요한 위치에 있답니다.

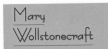

Mary
Wollstonecraft

출생 1759년 영국 런던
업적 여성의 권리를 처음으로 옹호함
사망 1797년 영국 런던

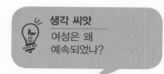
자유주의적 페미니스트

J. S. 밀

{ J. S. 밀은 『공리주의』란 책으로 가장 잘 알려져 있어요. 이 책에서 그는 제러미 벤담이 제시한 개념을 발전시켜서 '최대 행복의 원칙'을 제시했답니다. 이 원칙은 인간의 행위에 있어 행복을 증대시키면 옳은 것이고, 행복과 반대된다면 옳지 않다는 거예요. 밀은 논리학자이자 급진적 자유주의자였고, 초기 페미니스트의 한 사람이었답니다. }

밀은 『여성의 예속』이란 책에서, 여성이 예속되는 것은 그 자체로 잘못이며 완벽한 평등의 원칙으로 대체되어야 한다고 주장했어요. 그는 이런 주장이 강력한 저항에 부딪힐 것을 잘 알고 있었답니다. 왜냐하면 여성의 지위에 관해서 대다수 남자들이 갖고 있던 의견들은 이성적인 논증에 의해서 쉽게 바뀔 수 없는, 오랜 감정들에 그 뿌리를 두고 있기 때문이에요. 밀은 여성에 대한 편견이 인간의 선한 본성을 따르지 않는 일임을 보여주려고 했어요.

그는 여성의 예속이 참으로 이상한 현상이라고 생각했답니다. 고대 그리스에서는 노예로 태어난 사람은 평생 노예로 살아야만 했어요. 하지만 현대 사회에 사는 사람들은 보통 자신의 출생에 따라서 특정한 종류의 삶을 살도록 강요받지는 않잖아요. 밀은 현대 사회가 각 개인들이 자기의 능력을 자유롭게 사용하고, 적절한 기회가 제공되면 스스로 원하는 바를 자유롭게 성취한다는 원리를 따르고 있다고 보았어요. 만일 이것이 참이라면, 여성들에게도 그 원리가 적용되어야 하지 않겠어요? 남자가 아니라 여자로 태어났다는 사실 때문에 미래의 삶이 정해져버려서는 안 된다는 것이지요. 밀은 이렇게 생각했어요.

'이것은 현대적 사회 제도들과는 아주 동떨어진 것이다. 여성에 대한 차별 금지는 현대적인 법의 토대에서 시행되지 않은 유일한 사항이다. 즉 여성 차별은 낡은 세계의 사고와 관습의 잔재이다.'

밀은 남성과 여성 사이에 근본적인 차이가 있기 때문에 여성이 종속되는 게 당연하다는 생각을 부인했어요. 여성과 남성 사이에 정신적이고 도덕적인 차이가 있다고 말할 수는 없다는 거지요. 왜냐하면 여성의 본성은 아주 오래 예속되어온 까닭에 너무나 철저히 왜곡되었기 때문이에요. 더 나아가서, 비록 남성과 여성이 서로 다르다는 것이 드러난다고 해도 똑같은 기회를 줄 수 없다는 생각의 근거가 될 수는 없다고 보았어요.

『여성의 예속』에서 펼친 밀의 주장은 다른 초기 페미니스트들의 주장들과는 달리 세월의 시험을 견디고 살아남았답니다. 어쩌면 이것이 그리 놀라운 일은 아닐 거예요. 왜냐하면 그는 19세기에 활동한 위대한 지성인들 중의 한 사람으로 널리 알려져 있기 때문이랍니다.

J. S. Mill

출생 1806년 영국 런던
업적 커다란 변혁이 일어나던 시기에 자유주의를 지지함
사망 1873년 프랑스 아비뇽

만들어진 여성성을 비판한

시몬 드 보부아르

시몬 드 보부아르는 그녀 자신이 중요한 철학자이지만, 장폴 사르트르와의 관계로 더 잘 알려져 있을 거예요. 이건 여성의 입장에서 보면 대단히 공평하지 못한 일이에요. 보부아르는 『제2의 성』이라는 책을 통해 여성이 남성의 '타자'로 정의되고 있다고 주장했어요. 타자라는 개념은 아주 복잡한 실존적인 분석이 들어 있어요.

'타자'라는 개념은 아주 복잡한 실존적인 분석이 들어 있어요. 이 개념을 이해하려면 헤겔이 말한 주인과 노예의 변증법까지 거슬러 올라가야 해요. 헤겔은 사람들이 타자인 자신의 동료들을 지배함으로써 스스로가 독자적인 주체임을 확인한다고 했지요. 보부아르는 이 개념을 남성과 여성의 관계에 적용했어요. 『제2의 성』 서문에서 그녀는 절대적인 존재인 남성에 비해 여성은 부수적이고 비본질적인 존재라고 주장했답니다.

보부아르는 여성과 남성 사이의 관계를 분석하기 위해서, '초월'과 '내재'라는 헤겔의 개념을 이용했어요. 남성들은 세상과 자신의 관계가 정의되는 곳에서 자신의 '초월'을 드러내 보여준답니다. 그와 달리 여성들은 '내재'를 선고받은 상태라고 보았어요. 즉 여성은 어머니나 가정주부, 남성의 성적 욕망의 대상으로서 실존에 필요한 평범한 일들을 안에서 반복해야 하는 것이지요. 보부아르는 그렇다고 해서 남성들이 여성들의 자유를 빼앗아갔다고 생각하지는 않았어요. 왜냐하면 그건 모든 인간이 자유롭다고 보는 자신의 실존주의 사상에 위배되니까요. 오히려 여성은 본성상 남성보다 열등하다고 인식되어 왔고, 여성 스스로도 그렇게 생각해왔다는 거예요.

Simone de Beauvoir

출생 1908년 프랑스 파리
업적 페미니즘이라는 새 물결을 일으킴
사망 1986년 프랑스 파리

여성의 열등함이 자연스레 타고난 것처럼 보이는 한, 여성들 역시 자신들이 억압당하는 일에 자주 공모를 하곤 한답니다. 보부아르는 어떤 여성은 자유로운 일을 추구하기보다는 남자에게 애착을 보임으로써 삶의 안전함을 얻고 싶어 한다고 보았어요.

보부아르는 '영원한 여성'이라는 개념은 환상이라고 보았어요. 『제2의 성』에서 가장 유명한 구절은 다음과 같아요. '여자는 여자로 태어나는 것이 아니라 여자로 만들어진다.' 그렇기 때문에 그녀는 여성이 자유를 얻기 위해서는 '여성다움'이라는 개념을 거부해야만 한다고 주장했어요. 여성다움은 시시하게 반복되는 일과 고된 일상에 여성들을 가두어버리는 역할을 하기 때문이랍니다.

※ 실존주의 : 개인의 실존이 우선한다는 점을 강조하는 철학 사조. 인간에게 자신의 특정한 삶과 동떨어진 근본적인 본질이 있다는 생각을 거부한다. 실존주의는 인간이 필연적으로 자유롭다는 생각과 긴밀한 관련을 맺고 있다.

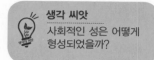

급진적 페미니스트
케이트 밀레트

> 가부장제 이론을 설명한 케이트 밀레트의 획기적인 책 『성의 정치학』은 1970
> 년대 초반에 2세대 페미니즘의 물결이 일어날 때 중심 텍스트였답니다. 그녀
> 는 남성과 여성 사이의 관계가 여성의 종속이라는 특징을 갖고 있다고 주장
> 했어요. 여성들이 남성에 의해 통제되는 가부장제가 역사 속에 존재했던 모
> 든 사회들에서 다양하게 나타났던 특징이라고 보았답니다.

밀레트는 가부장제가 이토록 널리 퍼진 이유가 생물학적
요인 때문이라는 것을 인정하지 않았어요. 그녀의 관점에
서 보면 여성과 남성에 관련된 기질과 행동을 뜻하는 '젠더'
는 어쩔 수 없이 사회적으로 형성된 것이란 사실이 분명했어
요. 젠더는 섹슈얼리티에도 적용되는데, 심지어 성행위 자체도
오랜 기간의 학습 반응들의 결과물인 경우가 많다는 거예요. 그녀는
성행위 대상을 선택할 때조차도 우리가 처한 사회적인 환경에 따라 이
루어지는 경우가 많다고 보았답니다.

밀레트에 따르면 가부장제는 사람들을 사회화함으로써 합법성을
얻는답니다. 예를 들어, 인간의 성격은 이미 규정되고 틀에 박힌 성
정체성에 따라서 형성된다고 해요. 그래서 여성들은 수동적이고, 온
순하고, 무력한 존재가 되도록 배우는 거랍니다. 반면에 남성들은 공
격적이고, 지적이고, 효율적인 사람이 되도록 배우지요. 서로 다른 이

궁금함 대한
끝없는 질문

런 성격상의 차이는 각각의 젠더에 주어지는 서로 다른 역할들에 의해 보완되고 강화된답니다. 여성들은 주로 가정에 봉사하고 아이를 돌보는 역할에 한정되지요.

『성의 정치학』에서 제시된 생각들은 격렬한 비판을 불러일으켰어요. 그녀가 자신의 양성애 성향을 밝히자 보수적인 비평가들은 밀레트를 남성을 혐오하는 레즈비언이라고 몰아붙였어요. 페미니스트 비평가들도 자기들 입장에서 밀레트를 비판했지요. 즉 가부장제가 여성들을 효과적으로 어린애 같은 수준에 머물게 한다는 주장은 여성들의 인격을 훼손하는 것이라고 비판했답니다. 또한 성 정체성이 형성되는 과정에서 문화의 역할을 지나치게 강조했다는 비판도 받았어요. 그럼에도 불구하고, 그녀의 연구는 대단히 중요하게 평가됩니다. 2세대 페미니즘의 흐름에서 또 다른 선구자였던 안드레아 드워킨은 이렇게 말했어요.

"이 책 한 권으로 케이트 밀레트가 이루어냈던 성취는 너무나 대단하다. 이 책은 여성 운동에서 처음이자 마지막으로 남아 있을 것이다. 그동안 페미니스트들이 해왔던 모든 일은 『성의 정치학』이 미리 보여주고, 예측하고, 격려해주었던 것들에서 벗어나지 않는다."

Kate Millett

출생 1934년, 미국 미네소타
주 세인트폴
업적 가부장제 이론을 발전
시킴으로써 2세대 페미니즘
의 흐름에 주요 역할을 함

Feminism
페미니즘

철학에서는 언제나 여성들을 제대로 취급해주지 않았답니다. 아리스토텔레스는 여성이 대머리가 되지 않는 이유는 여성의 본성이 아이들의 본성과 비슷하기 때문이라고 말했을 정도예요. 헤겔도 남성이 동물과 비슷한 반면에 여성은 식물과 비슷한데 그 이유가 여성의 발달은 조용히 이루어지고, 다소 모호한 감정의 결합이 있기 때문이라고 했어요.

이런 태도들은 사회에서 여성이 남성에게 다양한 방식으로 예속되어 왔다는 사실을 반영하는 것이겠지요. 페미니스트들은 이 같은 견해들이 잘못이라는 데 의견을 같이하지만 그 원인에 대해서는 몇 가지로 나뉩니다. 급진적 페미니스트들은 여성의 종속을 역사상 나타났던 모든 사회들이 갖고 있는 특징인 가부장제와 연결시킨답니다. 즉 남성들이 정치적, 사회적, 경제적으로 여성들을 지배해왔기 때문이라고 보는 것이지요. 가장 급진적 페미니스트들은 착취를 바탕으로 젠더 역할이 문화적으로 재생산되었고 그래서 가부장제가 유지되었다고 생각해요. 여성들은 남성들에게 봉사함으로써 '여성'이 되는 법을 교육받아 왔다고 보는 거지요.

몇몇 페미니스트들은 가부장제란 개념을 너무 고정된 것으로 보는 것 아니냐는 우려를 갖고 있어요. 그들은 여성들이 누려왔던 지위에 근본적인 차이가 있다고 지적한답니다. 즉 가난한 여성들은 잘사는 여성들보다는 오히려 가난한 남자들과 공통되는 점이 더 많다는 뜻이에요. 프리드리히 엥겔스는 여성들의 예속을 자본주의 사회가 지닌 착취하는 본질과 연관이 있다고 주장했답니다. 다시 말해, 여성들이 억압받는 까닭은 여성들이 가정이라는 영역에서 살도록 강요되었기 때문이라는 것이지요. 그리고 계급사회를 없애게 되면 여성에 대한 억압도 사라지게 될 거라고 엥겔스는 보았어요.

하지만 성적인 차이가 없는 사회를 만드는 게 가능하다는 생각은 커다란 논쟁을 불러일으켰어요. 남녀의 성적 불평등은 둘 사이의 생물학적인 차이와 관계가 있을 수도 있으니까요. 헬레나 크로닌은 이렇게 주장했어요. 진화론이 보여주고 있듯이 자연 선택은 다수의 짝과 관계 맺기를 즐기는 남성들을 선호했기 때문에, 남성들은 여성들보다 훨씬 더 경쟁적이고, 위험을 감수하고, 기회를 잘 노리고, 일을 끝까지 해내고, 한가지 목표에 골몰하고, 자기를 과시하는 경향이 있다고요. 그리고 이것이 바로 왜 남성들이 장렬하게 죽음을 맞이하고, 노벨상을 타고, 자동차를 지나치게 빨리 몰고, 살인을 저지를 가능성이 더 많은지의 이유가 된다고 주장했답니다.

만일 크로닌이 옳다면, 남녀평등이 틀림없이 훌륭한 목표임에도 불구하고 도달하기 어려운 목표일수도 있겠지요. 지난 50여 년 동안 엄청난 발전이 있었지만 성 평등 사회로 가는 길은 여전히 멀리 있는 것 같아요. 아직도 어떤 여성들은 가정 폭력의 표적이 되기도 하고, 전 세계의 많은 나라들에서는 여성들이 종교라는 이름으로 억압을 받고 있어요. 그렇기 때문에 페미니즘은 이제야 막 해야 할 일을 시작했을 따름이랍니다.

8장

비판 이론

CRITICAL THOUGHT'

조지 산타야나
허버트 마르쿠제
자크 데리다
포스트모더니즘

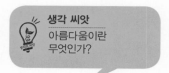
실용주의적
자연주의자 **조지 산타야나**

> 조지 산타야나는 명성이 자자한 철학자였어요. 그는 시인, 소설가, 문예 비평
> 가로도 널리 인정받았답니다. 초기에 그는 특별히 미학에도 관심을 기울였
> 어요. 그가 행한 철학적 연구방법의 특징은 자연주의적이라는 거예요. 그는
> 철학이 우리가 살고 있는 세계의 사물들 한가운데서 시작해야 한다고 생
> 각했어요.

이런 생각은 미학뿐만이 아니라 그가 인식론과 존재론
에 관해서 좀 더 보편적인 철학을 연구할 때에도 적용되
었지요. 자신의 첫 번째 책인 『아름다움의 인식』에서 그는
미학 이론을 포괄적으로 설명했어요. 그가 스스로 정한 과
제는 '왜, 언제, 어떻게 아름다움이 나타나는지'를 논의하는
것이었어요. 어떤 대상이 아름답게 느껴지려면 어떤 조건이
필요한지, 자연의 어떤 요소들이 우리로 하여금 아름다움을
느끼게 하는지, 그리고 대상의 구조와 우리의 감수성 사이에는 어떤
관계가 있는지 이야기하는 것이었지요.

그는 아름다움이란 어떤 대상을 주의 깊게 관조하는 데서 나오는
기쁨이고, 여기에서 기쁨이란 대상 자체가 지닌 특성으로 생각했어
요. 그러니까 아름다움이 곧 '가치'인 것이지요. 즉 아름다움이란 세계
에 관한 사실을 인식하는 것이 아니란 뜻이에요. 왜냐하면 세계를 과

학적으로 접근하는 것과 미학적으로 접근하는 것은 다르기 때문이에요. 오히려 그는 아름다움이란 의지가 있고 감상할 수 있는 능력이 있는 우리의 본성에서 나온 하나의 감정이고 애정이라고 보았답니다. 아름다움에는 부정적인 면이 없다고 해요. 왜냐하면 아름다움의 가치는 긍정적이고, 본질적이며, 구체화된 것이기 때문이에요.

George
Santayana

출생 1863년
스페인 마드리드
업적 자연주의적인 연구 방법으로 미학을 발전시킴
사망 1952년 이탈리아 로마

산타야나의 개념 중에서 가장 수수께끼 같은 것은 기쁨이 어떤 대상이 본래 가지고 있는 한 부분이라는 생각이에요. 햇살이 아름다운 어느 날 언덕 꼭대기에 서서 저 아래의 풍경을 응시하고 있는 경험을 상상해 보세요. 그런 순간에 우리가 느끼는 기쁨은 산타야나의 말처럼 대상들의 한 측면으로 여겨질 수 있을 거예요. 이렇듯 아름다움은 하나의 정서적인 요소이고, 우리가 느끼는 기쁨이랍니다.

『아름다움의 인식』에서 산타야나가 설명한 개념들에 대해 비평가들이 일반적으로 동의하지는 않아요. 어떤 사람들은 그가 아름다움을 기쁨의 경험에 둠으로써, 대상들의 형태나 내용에 충분히 주의를 기울이지 않았다고 생각해요. 하지만 어떤 사람들은 그가 아름다움을 지상으로 가지고 내려와서 미학을 한층 더 성숙시켰다고 평가한답니다.

※ 존재론 : 있음 혹은 존재에 대한 학문. 예를 들어, 우주가 시공간적인 위치와 범위를 갖고 있는 물리적인 물질로 이루어졌다고 주장하는 것은 존재론적인 주장을 펼치는 것이다.

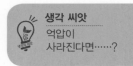
수정 마르크스주의자

허버트 마르쿠제

> 제2차 세계 대전 직후에 서방 세계에서 마르크스주의자로 산다는 것은 여러 면에서 쉽지 않았어요. 자본주의가 붕괴하기는커녕 건재해 보였기 때문이에요. 경제적으로는 거의 완전 고용에 이른 듯했고, 기술이 급속히 발전했으며, 소비자 보호 운동이 발달하는 시기였어요. 혁명의 가능성은 저 멀리 달아난 것 같았지요. 이런 상황에서 마르크스주의는 새로운 전환이 필요했답니다.

『에로스와 문명』에서 마르쿠제는 자본주의 사회를 비판하기 위해 마르크스주의와 프로이트 학설을 결합하려고 했어요. 프로이트 이론에서는 인간이 갖고 있는 리비도 에너지들이 현실의 지배를 받는다고 보았어요. 그래서 그 에너지들은 자기를 보존하기 위해서 억압된다는 거지요. 마르쿠제는 이 억압의 수준은 사회의 요구들에 따라서 다양하게 달라진다고 주장했답니다. 자본주의 사회는 계급 착취에 기반을 두고 있기 때문에 과도한 억압을 필요로 하는 '성과급 원리'가 존재한다고 본 것이에요. 즉 지배 계급을 위해서 리비도 에너지들이 심하게 억압된다는 뜻이지요.

마르쿠제는 이러한 상황이 끝날 거라고 믿었어요. 자본주의는 성과급 원리 덕분에 기술이 크게 발달했고, 그 결과 경제적인 궁핍들이 사라졌어요. 따라서 과잉 억압이 사라지면 리비도 에너지가 해방되기 때문에 질적으로 다른 개인과 사회가 나타날 것이라고 믿었어요.

그런데 낙관적이던 그의 생각은 점차 비관적으로 변했어요. 1960년대 중반에 『일차원적인 인간』을 쓰던 시기에는 급진적인 사회 변화의 가능성을 훨씬 더 비관적으로 바라보고 있어요. 그는 이 책에서 지나치게 풍족한 자본주의 사회는 노동자 계급을 무력하게 만든다고 주장했어요. 자본주의 사회는 광고 효과 같은 것들을 사용해서 가짜 욕구를 만들어내고, 가짜 욕구들이 개인들을 지배하게 된다는 것이지요. 그래서 이제 개인들은 진정한 선택을 하지 못하게 되었다고 보았답니다. 다시 말해 사람들은 자신이 구매한 상품들, 가령 최신 자동차나 고성능 오디오, 멋진 집과 주방용품들 속에서 자신의 영혼을 발견한다는 거예요. 이런 상황에서 마르크스주의는 여전히 추상적인 이론 속에 남아 있었고 사회 변화를 가져올 만한 움직임은 잘 일어나지 않았어요.

특히 소련의 붕괴 이후로 공산주의 혁명은 아주 멀어져버린 것 같아요. 이제 마르크스주의는 역사 속에 나타났던 하나의 진기한 사상처럼 여겨질 정도니까요. 이것이 철학자 마르쿠제에 대한 평가에 영향을 미치고 있는 것은 사실이에요. 하지만 마르쿠제가 떠올린 의미 있는 생각들마저 희미해지는 것은 안타까운 일이랍니다.

Herbert Marcuse

출생 1898년 독일 베를린
업적 마르크스주의와 정신
분석 이론을 결합하여 자본
주의 사회를 급진적으로 비
판하는 이론을 제시함
사망 1979년
독일 스타른베르크

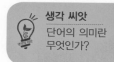

언어의 해체주의자

자크 데리다

해제주의의 창시자인 자크 데리다의 연구는 악명 높을 정도로 이해하기가 어렵답니다. 그건 일부러 실험적이고 자극적인 문체를 썼기 때문이에요. 예를 들어 『글라스』란 책에서 그는 각 페이지를 두 개의 단락으로 나누었어요. 한 단락에서는 헤겔을 다루고 다른 쪽에서는 작가인 주네를 다루었지요. 그러면서도 두 개의 단락들이 서로 미묘하게 관련을 맺도록 했답니다.

그는 새로운 단어들을 결합해서 만들어내는 신조어와 문학적 효과를 좋아했답니다. 예를 들어서 '기호'라는 단어의 정의를 생각해 보세요. 이것은 그가 쓴 책들 중 가장 유명한 『그라마톨로지』에 나온답니다.

……기호란 잘못 이름 붙여진 것, 철학을 구성하는 질문을 벗어나는 유일한 것:"… 은 무엇인가?"

독일 철학자 마틴 하이데거가 그랬던 것처럼 데리다도 단어들에다가 줄을 그어서 '지워진 것'으로 만들었어요. 줄로 지워진 단어들은 더 나은 대안이 없기 때문에 사용할 필요가 있었지만, 줄을 그음으로써 어떤 식으로든 그 단어가 의도한 의미를 놓치거나 지나쳐 버릴 수 있다는 사실을 보여준답니다.

의미란 파악하기가 어렵고, 복잡하고, 다양하게 해석할 수 있고, 정해진 게 아니라는 게 데리다 연구의 중심 주제예요. 따라서 데리다

데리다

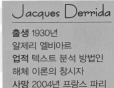

출생 1930년
알제리 엘비아르
업적 텍스트 분석 방법인
해체 이론의 창시자
사망 2004년 프랑스 파리

데리다는 단어들이 세계에서 일어나는 상황을 지시하지 않는다고 말한다. 만일 이게 사실이고 진실과 허구가 서로 뒤바뀔 수 있다면, 그의 연구 자체도 위협을 받을 것이다.

가 말하는 '해체'를 간단히 요약하면, 텍스트의 의미를 근본적으로 철저히 의심하면서 읽어내는 방법을 뜻한답니다. 해체주의자들은 텍스트가 말하고 있지 않은 것을 찾아내려는 목적을 갖고 읽어요. 왜냐하면 텍스트에 없는 어떤 것이 더 많은 것을 말해줄 수 있다고 보기 때문이지요. 그렇지 않을 때는 텍스트 안에 숨어 있는 모순들이나 모호한 점들을 찾아보려고 한답니다. 그렇게 텍스트 자체의 토대를 점차 허물어가는 거예요.

여기서 논의해야 할 것은 진실과 허구를 구분하는 문제예요. 데리다는 '텍스트 바깥에는 아무 것도 없다'고 주장했답니다. 그리고 초월적이고 모호한 것을 의미하는 것이 없다면, 의미의 영역과 역할은 무한히 확장될 것이라고도 했지요.

데리다의 사상은 너무 복잡해서 그에 대한 평판이 극명하게 둘로 나뉘는 것은 어쩌면 당연한지도 모릅니다.

Postmodernism
포스트모더니즘

> 포스트모더니즘의 분명한 정의를 내리는 건 정말 어려워요. 포스트모더니즘을 설명하려고 하다가 자칫 그 본질을 놓치게 되는 경우가 많지요. 그래서 포스트모더니즘을 이해하기 위한 가장 좋은 출발점은 특정한 영역을 골라서 이야기해보는 것일 거예요. 가령 영화를 이야기하면서 그 영화를 '포스트모던'하게 만든 요소가 무엇인지를 생각해 보는 것이지요.

포스트모던 영화는 널리 퍼져 있답니다. 스크림 패러디, 공포 영화, 브래디 번치 영화는 포스트모던한 특징들을 많이 갖고 있어요. 이 영화들은 다양한 방식으로 자기를 가리켜 보여주는 특성이 있기 때문이에요. 예를 들어, 스크림 영화에 나오는 등장인물들은 자기들이 공포 영화에 나온다면 어떤 일이 일어날지에 대해서 서로 토론을 한답니다. 또 공포 영화에서는 유명한 엑소시스트의 장면을 어설프게 흉내내면서 시작해요. 패러디를 또다시 패러디하는 거지요.

자기를 가리켜 보여준다는 측면에서, 이 영화들은 우리가 보는 것이 '진짜' 세계의 어떤 것을 나타내지 않는다는 사실을 알려준답니다. 스크림 영화를 보는 관객들은 자기들이 지금 허구의 세계를 보고 있다는 것을 분명히 알고 있어요. 자기들이 허구적인 구성물일 뿐만 아니라 예술적인 의도가 무엇이든 간에 모든 영화들이 다 똑같다는 것을 암시하고 있지요.

이처럼 자기를 가리켜 보여주는 반어적인 속성, 그리고 눈에 보이는 것 너머에 뭔가가 있음을 부인하는 것, 즉 표현되어야 할 진짜 세계가 없다고 보는 것이 일반적으로 포스트모더니즘의 특성이에요. 철학에 적용되는 포스트모던한 방법은 텍스트 혹은 언어가 진짜 세계를 표시할 수 있다는 가능성을 부인한답니다. 자크 데리다는 단어들 속에 정해진 의미가 존재하고, 그 단어들이 진짜 세계에 있는 사물들을 지시한다는 생각을 비판했어요.

영화에서의 포스트모더니즘은 재미라고 할 수 있지만 철학에서는 포스트모더니즘이 끼친 영향이 심상찮은 결과를 가져왔어요. 왜냐하면 포스트모더니즘 신봉자들이 세계에 관해서 진리를 말하는 게 가능하지 않다고 했기 때문이에요. 이것은 철학적으로나 정치적으로 심각한 결과를 가져올 수 있답니다. 예를 들어, 만약 나치의 유태인 집단 학살인 홀로코스트가 일어났는지 아닌지에 대해서 어떤 진실도 알 수 없다고 주장한다면, 홀로코스트가 없었다고 말하는 사람들을 반격하는 것이 어떻게 가능하겠어요? 그 결과 점차 포스트모더니즘 철학 사상들로부터 등을 돌리게 되었지요. 그래서 이제는 포스트-포스트모더니즘에 관한 이야기를 하는 게 일반적이랍니다.